HISTOIRE DE L'HISTOIRE
DES GRANDS ET DES PETITS THÉATRES DE PARIS
PENDANT LA RÉVOLUTION, LE CONSULAT ET L'EMPIRE

DEUXIÈME VOLUME DE LA SÉRIE

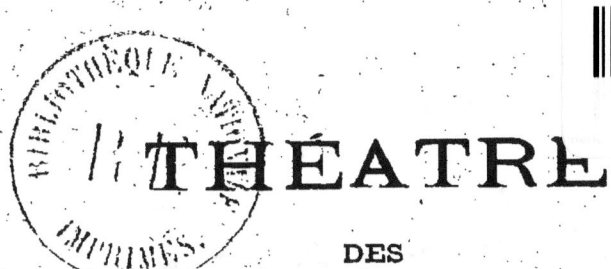

THÉATRE

DES

PETITS COMÉDIENS

DE

S. A. S. Monseigneur le Comte de Beaujolais

PAR

Louis PÉRICAUD

PARIS

E. JOREL, LIBRAIRE

3, Rue Bonaparte, 3

1909

THÉATRE

DES

PÉTITS COMÉDIENS

HISTOIRE DE L'HISTOIRE
DES GRANDS ET DES PETITS THÉATRES DE PARIS
PENDANT LA RÉVOLUTION, LE CONSULAT ET L'EMPIRE

DEUXIÈME VOLUME DE LA SÉRIE

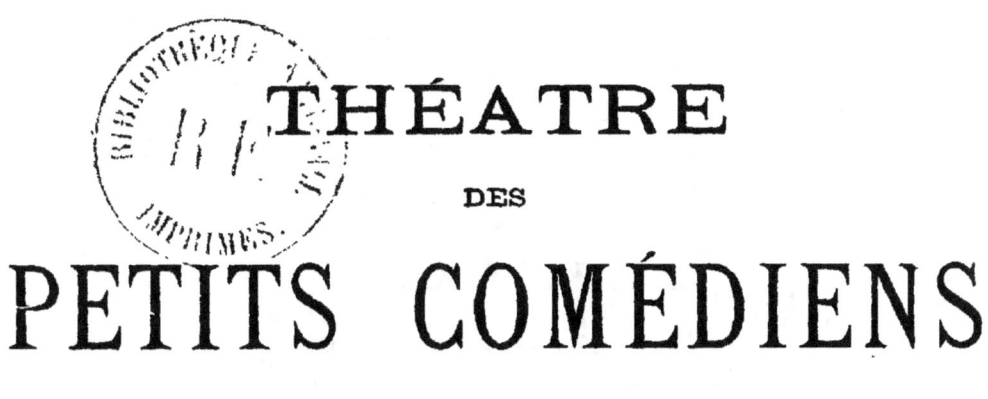

THÉATRE

DES

PETITS COMÉDIENS

DE

S. A. S. Monseigneur le Comte de Beaujolais

PAR

Louis PÉRICAUD

PARIS
E. JOREL, LIBRAIRE
3, Rue Bonaparte, 3

1909

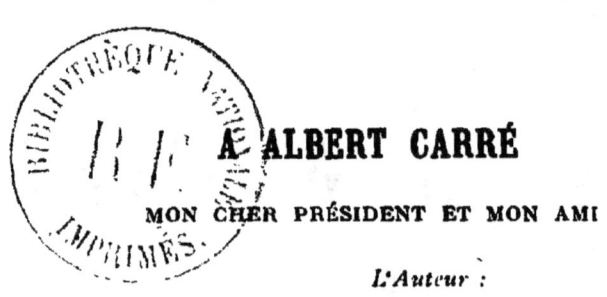

A ALBERT CARRÉ

MON CHER PRÉSIDENT ET MON AMI

L'Auteur :

Louis PÉRICAUD

THÉATRE
DES
PETITS COMÉDIENS
DE
S. A. S. Mgr le Comte de BEAUJOLAIS

CHAPITRE Ier

DE 1753 A 1787

PRÉLIMINAIRES D'UN PETIT THÉATRE,
APPELÉ A DEVENIR GRAND.

C'est en 1753 que fut construite, sous les galeries du Palais-Royal, à l'angle septentrional de la galerie du Beaujolais, cette petite salle de spectacle, où se trouve être actuellement encore notre gai *Théâtre du Palais-Royal*.

Ce fut l'architecte ANTOINE, VICTOR, LOUIS, sur les ordres de Monseigneur LOUIS, PHILIPPE, DUC D'ORLÉANS, petit-fils du Régent de France, qui traça les plans de cette modeste salle, pour les seuls plaisirs de Son Altesse Sérénissime.

Elle ne devint publique que beaucoup plus tard, en 1784, et fut inaugurée le 23 octobre de cette dite année, par une troupe de comédiens en bois, ou marionnettes, sous la direction des sieurs DELOMEL et GARDEUR; lesquels avaient obtenu de Monseigneur le Comte de Beaujolais, troisième fils du duc d'Orléans, l'autorisation de présenter au public leurs marionnettes, sous le titre de : *Petits Comédiens de S. A. S. Monseigneur le Comte de Beaujolais.*

Cette salle fort restreinte, dont la destination primitive avait été d'être une salle de bal, se trouvait être « trop longue pour sa largeur et trop étroite pour sa longueur ». Basse de plafond, les lois acoustiques n'y étaient nullement aménagées. Le public se plaignit tout d'abord de ne point entendre assez distinctement la voix des acteurs et chanteurs, qui parlaient et chantaient au lieu et place des marionnettes.

Mais il n'en pouvait être autrement ; le peu d'élévation du plafond étant exigible, pour que les fils d'archal, auxquels étaient suspendus les bonshommes et bonnes femmes de bois — lesquels ne mesuraient pas moins de trois pieds de hauteur — ne nuisissent pas à l'illusion, s'ils eussent été trop visibles.

Car ces spectacles de marionnettes n'étaient point alors fréquentés seulement par des enfants, ce que l'on serait naturellement porté à croire ; mais bien par de grandes personnes, voire même du plus haut parage, lesquelles venaient se distraire simplement et honnêtement aux lazzis, aux intrigues, au jeu des pièces, que confectionnaient exprès pour ces acteurs simulés, de véritables auteurs dramatiques.

Temps éloigné, mais heureux temps de naïveté littéraire, où des folliculaires daignaient se déranger pour aller apprécier et juger des vaudevilles, comédies, drames et mélodrames, faits selon la formule et joués par des marionnettes ;

Où il se trouvait un public, assez affamé de curiosité, assez oisif, assez désireux de nouveau et d'imprévu, assez ennuyé de la banalité de la rue, pour venir se distraire à de véritables compositions musicales ; car, les affiches annonçaient pompeusement des symphonies, des oratorios, des ouvertures nouvelles, joués par un orchestre de vingt-deux musiciens, sous la conduite de M. L. Raymond.

A cette époque on pouvait, sans ridicule, s'intéresser à des actions scéniques, que faisaient se dérouler des comédiens de bois, avec leurs voix partant de la coulisse et des gestes brusques, mesurés, comptés, guidés par des mains invisibles ;

Et des auteurs, dont certains devinrent célèbres, s'ils ne l'étaient déjà, qui ne dédaignaient pas d'écrire des comédies, des couplets, des vers, de chercher des intrigues, de mettre leur esprit en éveil pour produire des élucubrations, dont certaines ont survécu à leur époque, servant de matrice à ce que fut plus tard le joyeux Vaudeville, puis la fantaisiste Opérette.

On pouvait aussi compter avec des musiciens, qui n'étaient pas les derniers venus — sans être cependant les premiers — et qui composaient des airs, des duos, des trios, des quatuors, pour ces pantins articulés ; et leur fournissaient les moyens de charmer les oreilles par des mélodies qu'applaudissait le public de l'époque ; mélodies dont bon nombre ont survécu, harmonieuses à ce point, que certains compositeurs de nos jours les ont lues, retenues et ne dédaignent pas de nous les servir, trop souvent aujourd'hui, comme sortant toutes pimpantes de leur demi-cerveau producteur.

Le 22 mars 1785, Leurs Altesses Sérénissimes le Duc de Chartres et la Duchesse de Chartres, Messeigneurs le Duc de Montpensier et le Comte de Beaujolais honorèrent de leur présence le petit spectacle, qui, ce soir-là, joua, sur la demande de ces Princes, *Belphégor*, opéra-comique, par M. le Chevalier de Bérainville.

Je relève cette note dans l'*Almanach des Petits Spectacles de Paris* :

« Il ne faut pas croire qu'on ne parle jamais sur ce théâtre, comme quelques personnes se l'imaginent ; et qu'on ne fasse toujours qu'y faire des gestes, tandis que d'autres acteurs chantent ou déclament dans les coulisses ; les enfants parlent réellement dans la comédie. »

« Ainsi, on fait une mauvaise plaisanterie quand on raconte qu'un acteur étant venu annoncer le spectacle du lendemain, ne fit que des gestes, tandis qu'un camarade caché portait la parole pour lui. »

Ceci m'amène naturellement à vous parler de la substitution absolue des marionnettes, par de jeunes enfants, substitution qui fit crier beaucoup l'autorité supérieure, mais que la protection de M. le Comte de Beaujolais finit par faire triompher.

Le croirait-on, les ennemis les plus acharnés du pauvre petit Théâtre, furent l'omnipotent Opéra, la toute puissante Comédie Française et la non moins grande Comédie Italienne.

Ni les uns, ni les autres n'admettaient que l'on pût parler ou chanter sur une scène, en dehors des leurs.

Aussi la lutte fut-elle longue et acharnée.

Il est juste de dire que tout cela n'arriva qu'après l'entière disparition des marionnettes.

Au temps naïf de ces fantoches, les chanteurs de coulisses n'étaient que « de pauvres braillards, aux voix fausses et discordantes, sans goût et sans expression, à l'exception cependant d'un seul homme, chanteur des chœurs de l'Opéra, et d'une femme, qui avait uniquement une belle voix, mais qu'il n'était quelquefois pas possible d'écouter sans grincer des dents, tant elle se faisait remarquer par le déclassement des sons qu'elle faisait entendre. »

Que l'on juge, après cela, de l'excessive difficulté que devaient trouver les auteurs et compositeurs à écrire des pièces et de la musique, pour les voir interprétées dans de si déplorables conditions. Mais le besoin de se faire connaître était là, tenaillant, poussant, entraînant, impulsant, et faisait passer par dessus les mauvaises interprétations, les impatients auteurs et compositeurs dramatiques.

Hâtons-nous de dire que le temps de « ces pauvres braillards » dura peu, et que, petit à petit, ils furent avantageusement remplacés par MM. Delomel et Gardeur, toujours désireux d'attirer dans leur théâtre les véritables amateurs de fine Comédie et de bonne musique.

Ces marionnettes « n'allaient et ne venaient que sur une ligne transversale, sans pouvoir s'asseoir, ni courir, ni rien donner, ni rien prendre, ni écrire. » C'était monotone pour l'œil ; l'imagination devait y suppléer.

Il se trouvait pourtant des besogneux « littéraires », désireux de gagner « les deux écus » que leur donnaient les deux Directeurs pour la confection d'une de leurs œuvres, en un seul acte.

Deux gros succès : *Figaro, Directeur de Marionnettes*, et *Goburge*, parodie de *Panurge*, de M. de Maillot, furent cependant payés « dix écus » chacun. Ce fut, pour le petit théâtre, le commencement des forts droits d'auteurs.

M. Gardeur, titulaire du Privilège, s'était d'abord tenu à la stricte observation des règlements institués spécialement pour son théâtre. Ses marionnettes paraissaient seules en scène, maniées habilement par des mains expertes, qui, à l'aide de fils plus ou moins visibles, les faisaient se mouvoir. Un jour, son associé M. Delomel, osa glisser un enfant parmi les marionnettes. L'autorité, ou ne s'en aperçut pas, ou voulut bien ne pas s'en apercevoir. Toujours fut-il qu'elle ne souffla mot. Alors, l'intrigant directeur prit audace et en glissa un second, puis un troisième ; il en glissa même un quatrième. Si bien qu'un soir, par ordre de la Police, on fit sortir de scène les enfants de chair et d'os, laissant se débrouiller entre eux les pauvres acteurs de bois.

C'est alors qu'intervint M. Gardeur, le titulaire du Privilège. Il était petit parent, — prétendait-il, — de Mme Suzanne Necker, femme du grand Ministre Necker. Il s'en fut implorer la protection de cette excellente dame, laquelle obtint pour l'exploitation des *Beaujolais* « la permission, outre les figures « non respirantes » qui paraissaient sur la scène, de faire jouer « des pantomimes, ainsi que des pièces de comédie, par de jeunes enfants ; à la condition que d'autres acteurs cachés parlassent et chantassent pour eux ; et même d'y joindre un ballet, dans lequel pourraient encore paraître ces mêmes enfants. »

C'était un pas énorme acquis sur le domaine de la Liberté. Le point important, toléré puis accordé, MM. Gardeur et Delomel fermèrent leur spectacle quelques jours ; firent faire des réparations dans les loges et l'on rouvrit, au bout de trois semaines, avec la parfaite autorisation, non seulement de l'autorité, mais même encore de l'Opéra.

Car, « l'Opéra seul octroyait autorisation de chanter, et la Comédie Française celui de parler sur les théâtres publics. »

Je lis dans la préface d'un écrit, datant de 1786, et accompagnant un volume sur le *Théâtre des Beaujolais,* ces réflexions d'un brave bourgeois :

« Pourquoi les comédiens français veulent-ils exclusivement parler ?... Pourquoi veulent-ils que je dérange ma fortune, déjà trop médiocre, pour aller entendre une tragédie, qui m'ennuiera, quoique bien jouée ?... Parce que je ne prends intérêt aux débats de princes et de princesses, morts depuis deux mille ans ?... »

« Tel marchand vend du drap à douze francs l'aulne, qui ne convient ni à mon état, ni à ma fortune. Le marchand a-t-il le droit, si je ne prends pas son drap, de m'empêcher d'en aller faire emplette ailleurs ; moins bon, si l'on veut, mais à beaucoup meilleur marché ? Fait-il la moindre démarche pour empêcher l'autre marchand de vendre du drap médiocre à trois livres, sous prétexte qu'il le prive d'une plus grande affluence de clients ?... Non ! Il vend tant et autant qu'il peut son drap à 12 livres, sans s'inquiéter du marchand subalterne, et sans l'inquiéter. »

« Pourquoi les comédiens français, qui, selon mon allégorie, sont les marchands à 12 francs l'aulne, ont-ils voulu empêcher les *Variétés*, l'*Ambigu-Comique* (qui n'est pas toujours tel) et les *Beaujolais*, qui ne sont que le marchand à un écu l'aulne, d'exister ? »

Ces réflexions sont assurément celles d'un honnête critique, glissé dans la houppelande d'un bon commerçant, épris de libertés, intéressé à l'abolition d'un privilège injuste. Je ne les cite que parce qu'elles me paraissent être de toute loyauté et de toute sincérité.

C'était en effet la marche ascendante vers la liberté entière des théâtres, que devait proclamer quelques années plus tard la Révolution Française.

Voilà à quoi toujours mènent les excès.

Car les Comédiens Français ne demandaient rien moins que l'entière suppression des petits théâtres et théâtres forains « vu le préjudice qu'ils leur causaient et attendu, écrivaient-ils dans un Mémoire adressé au Roi, qu'il y a un trop grand nombre de spectacles dans Paris. »

Or, Paris possédait à cette époque de 1786, près du double de la population qu'il avait sous Louis XIV ; or, sous le règne du grand roi, huit théâtres offraient au public leurs attractions très suivies.

C'étaient — tels que Beauchamp les rapporte — le *Théâtre du Petit Bourbon*, celui du *Palais-Royal*, celui du *Marais*, celui de la *Cloche-d'Argent*, celui de la *Croix-Blanche*, celui de la *Rue Guénégaud*, celui de l'*Hôtel de Bourgogne*, et l'ancien *Théâtre Italien*.

Aussi, dans *Paris en miniature*, brochure parue en 1786, un amateur de spectacles écrivait-il ceci :

« Moi, qui ne porterai jamais de pleureuses ni pour *Cléopâtre*, ni pour *Pompée* ; moi qui crois avoir assez larmoyé, quand j'ai pleuré les morts du jour, sans y joindre ceux de l'antiquité ; oh ! ne m'ôtez pas la ressource de la Foire, et laissez-moi les petits spectacles. Combien de gens pour qui la Comédie-Française est trop belle! Il serait fâcheux qu'on ne pût s'amuser quand on n'est ni bel-esprit, ni Seigneur. »

Aussi, l'Opéra et la Comédie-Française avaient-ils fini par accorder à MM. Delomel et Gardeur, après s'en être longtemps défendus, « permission à leurs acteurs, de parler et de chanter *dans la coulisse* pour les « Bamboches » qui étaient sur la scène ; voire même pour les enfants, qui devaient se contenter de mimer, pendant qu'on parlait et qu'on chantait pour eux.

De plus, l'Opéra accordait aux deux Directeurs « le droit de faire chanter des airs sur les vaudevilles connus, et même sur de la musique nouvelle que les compositeurs pourraient apporter à ce spectacle. »

Le nom de « Bamboches » que l'on substituait alors à celui de Marionnettes, était le nom d'un peintre du siècle précédent, lequel s'était établi une énorme renommée, en peignant de petites figures, qui devinrent alors de grande mode ; à ce point qu'un riche particulier s'avisa d'élever au Marais un théâtre de marionnettes et qu'il l'intitula *Théâtre des Bamboches*.

Ce nom était resté à toutes marionnettes que l'on mettait en œuvre sur les petits théâtres.

Le premier spectacle véritable, dans la salle réformée de MM. Delomel et Gardeur, se composa de trois pièces :

1º *Momus, Directeur de spectacle*, prologue d'ouverture.

2º *Il y a commencement à tout*, proverbe mis en action, en un acte.

3º *La Fable de Prométhée*, pièce ornée de chant et de danse, musique de M. Froment.

Le « Continuateur de Bachaumont » écrivit : « Les deux premières pièces ont paru détestables; mais la dernière a obtenu le plus grand succès. »

Quand de jeunes enfants remplacèrent définitivement les Bamboches, on pourrait se figurer que le public, tout d'abord, demeura surpris de voir de petits acteurs mimer leurs rôles, tandis que de grands acteurs, ou plutôt des acteurs grands, parlaient et chantaient en leur place dans la coulisse.

Les marionnettes avaient été le lien. On accepta le fait nouveau comme un perfectionnement, sans en être plus étonné.

Le petit Théâtre n'était-il pas dénommé « *Les Mimes du Palais-Royal* ? » Les acteurs dits « mimes » remontent, on le sait, à la plus haute antiquité, alors que le geste et la physionomie remplaçaient la parole.

Les *Beaujolais* en étaient la suite décadente.

L'auteur des *Réflexions et Critiques sur la Poësie et la Peinture*, donne comme origine sur l'introduction des mimes dans les pièces jouées à Rome, une définition très acceptable et des plus vraisemblables.

Il écrit, section XI, page 189 : « Livius Andronicus, poëte célèbre, qui vivait à Rome cinq cent quatorze ans après sa création, et six-vingt ans après qu'on y eut ouvert les théâtres, jouait lui-même dans une de ses pièces. C'était alors la coutume que les poëtes dramatiques montassent eux-mêmes sur le théâtre, pour y réciter leurs ouvrages. »

« Le peuple qui se donnait la liberté de faire répéter les endroits qui lui plaisaient, à force de crier *bis*, fit réciter si longtemps le pauvre Andronicus, qu'il s'enroua. »

« Hors d'état de déclamer davantage, il fit trouver bon au peuple qu'un esclave placé devant « le joueur d'instrument » récitât les vers ; et, tandis que cet esclave parlait, Andronicus fit les mêmes gestes qu'il eût faits, s'il avait récité lui-même. »

« On remarqua alors que son action était beaucoup plus animée, parce qu'il employait toutes ses forces à faire les gestes, quand c'était un autre qui était chargé du soin et de la peine de prononcer. »

« De là, naquit l'usage de partager la déclamation entre deux acteurs, le parlant et l'exécutant ; et de réciter, pour ainsi dire, à la cadence du geste des comédiens. Cet usage a si bien prévalu que les comédiens ne prononçaient plus eux-mêmes que les vers des Dialogues. »

Les petits acteurs des *Beaujolais* se contentaient donc d'ouvrir la bouche à propos, sans prononcer une parole, apportant autant de finesse dans leur jeu que s'ils parlaient eux-mêmes. Seulement, ils adaptaient si bien leurs gestes à la diction, tant parlée que chantée, qu'ils produisaient une illusion complète.

Je relate en un écrit du temps cette observation qui confirme mon dire :

« Il faut absolument être convaincu que l'enfant ne dit mot et que c'est un substitut qui parle pour lui, pour le croire. Il n'est presque pas de représentations où des seigneurs et autres personnes de qualité ne viennent s'assurer du fait par eux-mêmes, en se transportant dans les coulisses. Pleinement convaincus, leur étonnement alors égale leur admiration. »

L'apparition des Princes de la famille Royale au spectacle des *Beaulolais* avait donné une énorme vogue au petit théâtre.

La pièce de M. Person de Bérainville — que certains journaux orthographient *Berrainville*, — *Belphégor*, ou le *Diable à Florence*, était une comédie en un acte et en prose. C'est le 10 mars 1785 qu'avait eu lieu sa première représentation. Le succès avait été très grand ; et c'est ce qui avait décidé Leurs Altesses Sérénissimes à assister, le 22 mars suivant, à sa représentation.

Le sous-titre de *Belphégor* avait dû être *Le Diable au corps*, — ainsi que je l'ai pu constater sur le manuscrit original de la pièce, qui appartenait au Baron Taylor — ; mais, l'auteur, ayant craint que l'on ne confondît sa pièce avec *Le Diable à quatre*, de Sedaine, représenté en 1756, à la Foire St-Laurent, en modifia le second titre. Le premier intitulé ayant déjà figuré plusieurs fois sur les affiches de théâtre, sans qu'aucune réclamation se fût produite.

En effet, il y avait eu, en 1721, un *Belphégor*, comédie-ballet en trois actes, représenté par les comédiens italiens, dont l'auteur était M. Le Grand, comédien du Roy.

Un autre *Belphégor* — le même que celui de M. Legrand — avait été joué à Metz, à Mantes et en Italie, avec un nouveau troisième acte, sous la signature d'un M. P. Bignon.

Un troisième, intitulé *Belphégor dans Marseille*, avait été joué à Marseille en 1736 et imprimé à l'imprimerie Sibié, portant en tête de son impression : *Par un Auteur anonyme*. Cet auteur, dont j'ai retrouvé le nom avec quelque peine, était M. Jean-Baptiste-Pierre Baco. Sur ce sujet il avait composé une comédie en un acte, en prose, ornée de chants et de danses, avec un prologue en vers.

On s'empruntait alors les sujets, on les refaisait, on les remaniait, sans que nulle réclamation se produisît.

Dans les *Petits Spectacles de Paris*, de l'année 1787, je relève l'article suivant :

« Toujours la même affluence, le même enthousiasme de la part du public aux *Beaujolais*, qui récompense par là les Directeurs des soins qu'ils se donnent pour lui procurer des pièces agréables et pour lui faire entendre d'excellente musique. »

« S'il y a du mérite à avoir vaincu la difficulté, en faisant chanter dans les coulisses et faire les gestes sur la scène, de manière qu'on n'anticipe point sur le privilège de l'Opéra, il y en a bien davantage de faire régner l'ensemble le plus parfait, avec les pantomimistes, les acteurs, les chanteurs et avec l'orchestre ; en sorte que chacun séparément, sans se voir, ne fasse pas un mouvement, n'ouvre pas la bouche, sans se trouver d'accord avec tous. »

« C'est une justice qu'on ne saurait refuser de rendre aux Directeurs de ce singulier spectacle, qui ne peut que se concilier de plus en plus l'estime générale, à mesure qu'il s'approchera de la perfection, que le zèle des entrepreneurs s'efforce de lui donner ; et maintenant surtout que quelques auteurs et des compositeurs célèbres se font un plaisir d'y faire paraître quelques-unes de leurs productions. »

« Malgré la difficulté de monter les pièces à musique, on en donna un grand nombre de nouvelles, dont plusieurs eurent beaucoup de succès. Nous nous contenterons cette année d'en rapporter les intitulés, selon la date des représentations. »

Au commencement du mois de mai 1786, on avait donné *Les Jeunes Amans*, comédie en un acte, par M. Le Bas.

Les Deux Jumelles, ou *la Méprise*, ballet-pantomime en trois actes ;

Les Amours du Gros-Caillou, opéra-comique en un acte, musique de M. Riggel.

Le 15 mai, la première représentation du *Bailli Bienfaisant*, comédie en un acte, mêlée d'ariettes, par M. Chapelle.

Le 18 mai, *Alexis et Rosette*, mélodrame en un acte, avec ses agréments, par M. Guillemin.

Cette pièce eut beaucoup de succès.

Le 22 mai, *Les Délassements de l'Amour*, comédie en un acte, par M. Duserxe.

Le 24 mai, les *Projets ridicules*, ou la *Suite du Vieux Soldat*, comédie en deux actes, mêlée d'ariettes, par M. de Maillot, musique de M. Froment, de l'Académie Royale de musique.

Le 6 juin, première représentation de *Colin et Colette*, opéra-parade en un acte, musique de M. Bonnay, de l'Académie Royale de musique.

On peut juger, par ces tentatives, sur un théâtre de marionnettes, des difficultés qu'éprouvaient alors les compositeurs à produire leurs œuvres.

Le 23 juin, la *Solitude*, comédie en un acte, par M. Guillemain.

Pièce charmante.

Le 11 juillet, première représentation de *Le Braconnier*, opéra-bouffe en un acte, par M. Raymond.

Le 25 juillet, *Suzette et Colinet*, ou *les Amants heureux par stratagèmes*, opéra bouffon en un acte, paroles de M. le Chevalier de Bérainville, musique de M. Piccini fils.

Le 31 juillet, *Le Peintre jaloux*, ou *Tous les Fous ne sont pas aux Petites Maisons*, comédie-proverbe en un acte, par M. Maillé.

Cette pièce fut sifflée. Les auteurs prétendirent que le public ne l'avait pas comprise. De nos jours, il existe encore de ces auteurs-là.

Le 5 août, *Les Fourberies de Mathurin*, opéra-bouffon en un acte, musique de M. Bambini.

Le 9 août, *Ninon*, ou *La Fausse Niaise*, mélodrame en un acte, par M. Pompigni.

Le 15 août, *Le Tableau*, comédie en un acte, par M. Guillemain.

Le 19 août, *L'Heureux Stratagème*, ou le *Vol supposé*, opéra-bouffon en un acte par Mlle Caroline. Sifflée, cette pièce « malgré les égards que l'on aurait dû avoir pour une dame. »

Note de l'époque :

« Le 2 septembre, *Le Manteau*, ou *Les Deux Nièces rivales*, opéra-bouffon en un acte, paroles de M. Beaunoir, musique de M. Champein, de l'Académie Royale de musique. »

C'était tout simplement une pièce jouée déjà sur le Théâtre de Nicolet sous le titre de *La Mère Nitouche*, ou *Les Deux Nièces rivales*, du même M. Beaunoir.

Je relève cette note, relative à la transformation et transportation de cet opéra : « La pièce, du boulevard, a beaucoup perdu à être transplantée au Palais-Royal. »

Le 8 septembre, *Rosine et Julien*, mélodrame en un acte, par M. Lutaine.

Le 26 septembre, première représentation d'*Atine et Zamorin*, ou *l'Amour turc*, opéra-bouffon en trois actes, avec ses agréments, paroles de M. Dancourt, musique de M. Riggel.

Vingt ans auparavant, cette pièce, mise en musique par M. Davesne, et un musicien attaché au Concert du feu Prince de Conti, avait été jouée à la Comédie Italienne. Elle reparaissait cette fois sur le Théâtre des *Beaujolais*, avec de la musique nouvelle, signée Riggel.

Le 21 octobre, *L'Entrée du Seigneur*, comédie en un acte, mêlée d'ariettes.

Plus tard, en 1813, MM. Creuzé de Lesser et Favière firent sur ce même sujet, un opéra-comique en un acte, qu'ils intitulèrent : *Le Nouveau Seigneur du Village*, sur lequel le grand mélodiste Boïeldieu composa une adorable partition, pleine de charme, et que l'on joue trop rarement aujourd'hui.

Le 2 novembre, *La Surprise réciproque*, comédie en un acte.

Un critique reproche vivement à l'auteur de faire apporter successivement, dans sa pièce, trois lettres ! « Cet auteur aurait dû savoir, écrit-il, qu'un moyen fort usé était même d'en faire apporter une seule. »

Ainsi, « trois lettres » apportées successivement condamnaient à la chute une pièce, quelque bien qu'elle pût être faite !... Songez donc : trois lettres !... Une seule paraissait même « un moyen fort usé. »

Pourquoi ?... Probablement parce que le moment où ces lettres étaient apportées par le valet ou la soubrette était mal choisi ; parce que l'auteur se tirait de cette façon, trop facilement, d'une situation tendue ou fort embrouillée.

Dans une pastorale héroïque, en trois actes et en vers libres, de M. Quesnot de la Chénée, jouée à Gand en 1706, *La Bataille de Ramélie*, ou *les Glorieuses Conquêtes des Alliez*, au moment le plus décisif de la bataille, un courrier apporte au général Marlborough, le vainqueur célèbre de Hochstaed et de Malplaquet, devenu légendaire en France par la fameuse chanson :

> « Malboroug s'en va-t-en guerre »
> « Miron ton ton ton mirontaine »

Un courrier, dis-je, apporte au brave général anglais, la lettre d'une jeune femme qui lui dit :

> « Vous m'aimez, et jamais, au grand jamais, Monsieur,
> « Je ne vous ai cédé cette part de l'honneur,
> « Qui fait battre le cœur et fait grossir la taille.
> « Eh ! bien, je cède, si vous gagnez la bataille. »

La pièce fut abominablement sifflée, on contraignit à baisser le rideau et la pièce disparut pour tout jamais de l'affiche.

Sur la brochure de cette pièce imprimée à Gand, « chez les Héritiers de Maximilien Graet, » on lisait en tête du premier acte :

« ACTE PREMIÈRE ».

Cela peut donner une idée de ce qu'était le reste.

CHAPITRE II

PRIX DES PLACES. — DÉTAILS RÉTROSPECTIFS. — RÉPERTOIRE.
DÉCOUVERTE D'UN LIVRE INTROUVABLE.

De graves discussions s'étaient élevées entre les deux
Directeurs, pour déterminer le prix des places :

« — Nous sommes « Petit spectacle », disait M. Delomel,
nos prix doivent être petits ; parce que notre genre s'adresse
plutôt aux petites bourses qu'aux grandes. Il me semble que
Deux livres les premières, Une livre et dix sous le parquet, et
Une livre les secondes, sont des chiffres très raisonnables et
acceptables de tout le monde. »

« — Vous êtes fou, répliquait M. Gagneur, nous sommes
Théâtre, sous l'étiquette d'un Prince. Ce serait humilier Mon-
seigneur de Beaujolais d'assimiler nos prix à ceux des petits
Spectacles des boulevards. »

Bref, après bien des débats, beaucoup de pourparlers et de
nombreux avis, recueillis un peu partout, il avait été arrêté
ceci :

Le prix des places « à la portée de tout le monde » est fixé à :

3 livres................ *les Premières Loges.*
2 livres et 10 sols........ *le Parquet.*
Et 2 livres............ *les Secondes.*

Maintenant comment l'idée d'un théâtre de marionnettes
avait-elle pu naître en l'esprit de MM. Delomel et Gagneur ?

M. Delomel était tourneur en bois, établi dans le faubourg
Saint-Antoine. Il s'amusait dans ses moments de loisir à

sculpter des figurines, auxquelles il donnait la ressemblance, par à peu près, de certains personnages connus.

Un M. Gardeur, le frère du Gardeur qui devint, par la suite, l'associé de Delomel dans la direction des *Beaujolais*, était tailleur d'habits et habitait le troisième étage de la maison dont M. Delomel occupait le rez-de-chaussée. Il vint à la pensée de Gardeur de revêtir d'habits les bonshommes que s'amusait à sculpter assez adroitement M. Delomel. Il le lui proposa. Celui-ci, charmé de voir compléter son œuvre, accepta ; et quelques jours après, dans la montre de la boutique de M. Delomel, entre des échecs, des quilles et des boules, on vit apparaître la figure du Roi Louis XVI, majestueusement drapé dans son costume royal.

Les badauds ne tardèrent pas tout naturellement à se grouper devant la boutique du sieur Delomel ; tant et si bien, que l'autorité s'en émut et invita Delomel à retirer de sa vitrine la marionnette du Roi, comme « attentatoire à la dignité royale. » Delomel obéit et remplaça sa statuette du Roi, laquelle fut achetée aussitôt par Nicolet, directeur de l'Ambigu-comique, qui la faisait voir dans les entr'actes, en annonçant « que S. M. le Roi de France avait bien voulu poser lui-même, pour la ressemblance de cette statue. »

La statuette du Roi fut remplacée dans la vitrine de M. Delomel par celle, très ressemblante également, de M. de Voltaire, lequel était mort quelques années avant, et dont la personnalité était encore en grande faveur parmi le peuple parisien. M. de Voltaire, décédé, n'étant pas un personnage subversif, l'autorité ne put que disperser les groupes qui se formaient compacts et obstruants, à la sortie des ateliers, devant la boutique de M. Delomel.

Ce fut alors que Jean-Nicolas Gardeur, inventeur de la sculpture en carton pâte, s'en vint rendre visite à son frère Célestin Gardeur, habilleur des marionnettes en vogue, vit le succès qu'obtenaient ces poupées hautes de trois pieds, que confectionnaient MM. Delomel et son frère Célestin, conçut l'idée de créer un théâtre de marionnettes avec figures et costumes, ressemblant aux acteurs et actrices de l'Opéra, de la Comédie-

Française et des Italiens, et proposa à M. Delomel de fonder
avec lui un théâtre de marionnettes, comme on n'en aurait
jamais vu ; avec véritables chanteurs en coulisses, véritables
décors peints exprès, véritables auteurs pour composer leur
répertoire et véritable orchestre de musiciens pour accompagner ce merveilleux ensemble ; se chargeant également de
sculpter en carton-pâte « les têtes ressemblantes des marionnettes qu'ils auraient à faire jouer. »

M. Delomel trouva l'idée ingénieuse, et par une société en
commandite, qu'ils parvinrent facilement à former, les deux
Associés purent traiter avec S. A. Sérénissime Monseigneur le
comte de Beaujolais, de l'occupation de la salle, à lui appartenant, moyennant « la somme de 14.000 livres par annuité
de location, avec bail de trois années, voire six, s'il y avait
lieu de poursuivre l'exploitation. »

Il était de plus accordé à Monseigneur « comme pot-de-vin,
la somme forte de 6.000 livres, pour son acquiescement à ce
que son nom fût accolé au titre du théâtre fondé par MM. Delomel et Gardeur. » Monseigneur ne faisait rien pour rien.

Enfin, le 26 octobre 1784, l'ouverture du Petit Théâtre des
Beaujolais avait eu lieu ; et le spectacle d'inauguration s'était
fait par les trois pièces nouvelles, que j'ai déjà nommées :

1º *Momus, directeur de spectacle.*

2º *Il y a commencement à tout.*

3º *Prométhée*, grande pièce de chant et de danses, musique
de M. Froment.

L'auteur des *Mémoires secrets*, le continuateur de Bachaumont, mort en 1771, rend compte en ces termes de cette première soirée :

« L'ouverture de la *Salle des Beaujolais* s'est effectuée avec
autant d'affluence que celles des Comédies Italienne et Française. Cette salle est charmante, mais petite. Il y a vingt-deux
banquettes dans le parquet ; deux rangs de onze loges chacun ;
quelques loges grillées et des intervalles pour des spectateurs
debout ; en sorte qu'elle peut contenir environ 800 personnes. »

« L'orchestre des musiciens est spacieux et le Théâtre d'une
étendue convenable, même pour le jeu des machines d'opéra. »

« De plein pied, au parquet, sont deux chauffoirs dont l'un en galerie et l'autre en « *sallon quarré* ». Ils sont décorés avec autant de goût que de noblesse et meublés très élégamment. L'orchestre est excellent. »

Jusque-là, M. Gardeur avait trouvé l'article admirable. A partir de l'alinéa suivant, son front se plissa, se rembrunit et ses nobles traits se contractèrent. Il continua cependant de lire :

« Les marionnettes sont bien faites et ont assez de vérité ; sauf ces vilains fils d'archal, qui les font se mouvoir par en haut, dont le spectateur voit chaque différent mouvement et qui ôtent toute illusion. »

« Quant aux ballets, ils sont dessinés par de petits enfants des deux sexes, qui ont besoin d'étude et de pratique. »

« Les deux premières pièces ont été si mal reçues, tellement sifflées et huées, que les directeurs et les acteurs étaient déconcertés ».

— Mais non, imbécile d'écrivaillon, je n'étais pas déconcerté, vociférait le bouillant Gardeur. Je n'étais qu'ennuyé de voir un public, que je croyais de choix, ne pas saisir les beautés des deux pièces que j'avais retouchées moi-même, et dans lesquelles mes collaborateurs et moi avions coulé le meilleur de notre esprit.

Bref, les deux directeurs s'étaient remis à la besogne et deux jours après, le spectacle était changé et remplacé par une comédie en un acte, en vers : *Le Vieux Soldat et sa Pupille*, paroles de M. Demaillot et musique de M. Froment, « de l'Académie Royale de musique ».

Cette pièce obtint un énorme succès. On cita ses mots, on fredonna ses airs.

Cependant le sieur Delomel, plus audacieux et plus pratique que son associé Gardeur, s'était avisé de glisser — je l'ai écrit plus haut — parmi ses acteurs de bois, des enfants de 5, 6, 7 et 8 ans qu'on lui toléra d'abord ; puis des jeunes gens de 12 à 16 ans, qui se contentèrent primitivement de mimer, puis prononcèrent quelques mots, s'interrompant quand l'acteur de coulisse avait à répondre.

Cela amusa beaucoup le public et attira complètement la vogue chez les *Beaujolais.*

L'*Opéra* et la *Comédie-Française* s'émurent de cet empiètement sur leurs droits et firent interdire « à tout acteur en scène l'usage de la parole et de la voix. »

Alors, des acteurs spéciaux et chanteurs avec jolies voix, furent engagés pour demeurer invisibles dans les coulisses, mais parler et chanter, tandis qu'en scène les mimes continuaient leurs jeux et dépeignaient, ou plutôt accompagnaient de leurs gestes et de leurs expressions de physionomie, les paroles qu'en dehors, les acteurs et chanteurs restant inaperçus, débitaient.

L'illusion, quelqu'invraisemblable que cela puisse paraître, était parfaite ; et je n'en veux citer pour preuve à l'appui de mon dire que certains articles publiés à cette époque.

L'almanach des *Petits spectacles de Paris,* « imprimé chez Guillot, libraire de MONSIEUR, frère du Roi, rue Saint-Jacques, vis-à-vis celle des Mathurins, » écrit l'article suivant :

« La gesticulation ou Pantomime, chez les *Beaujolais,* s'exécute avec tant d'art, elle est tellement d'accord avec les paroles et le chant, que l'illusion est complète et qu'il semble que les acteurs qu'on a sous les yeux n'aient point d'interprètes. »

« Quoique cette invention soit prise de l'usage où étaient les Romains de faire faire les gestes à un acteur, tandis qu'un autre déclamait, il faut avouer que l'application qu'on en fait de nos jours a quelque chose de neuf et de fort ingénieux. »

« On sent bien que ce spectacle exige un très grand nombre de sujets, attendu qu'il faut souvent trois acteurs pour remplir le même rôle. »

Ces trois acteurs étaient d'abord celui qui jouait, puis celui qui parlait, enfin celui qui chantait.

Je donne ici l' « Etat du personnel » qui, en 1785, composait ce spectacle si étrange :

Directeurs et Entrepreneurs :
MM. DELOMEL ET GARDEUR.

Chant et Comédie :

ACTEURS, Messieurs :

Rousseau.	*Tourvel.*
Vénier.	*Dromainville.*
Chellet.	*Frestat.*
Bénard.	*Lefort.*
Angot.	*Mateau.*
Chaplot. .	*Latigalrète.*
Cazal.	*Talon. .*
Masely.	*Champté.*

et *Malard.*

ACTRICES, Mesdemoiselles :

Carpentier.	*Ducastel.*
Montoriol.	*Robin.*
Vénier.	*Grillé.*
Théodore.	*Trial.*
Bonnard. .	*Justine.*
Chevigny.	*Dorvillier cadette.*
Simonet.	*Nebet.*
Brion.	*Varenne.*

et *Dorvillier, l'aînée.*

La Danse était composée de Douze figurants et de Douze figurantes :

D'un PREMIER DANSEUR, M. *Gibel.*

Et d'une PREMIÈRE DANSEUSE, Mlle *Dastrovigne.*

ORCHESTRE

MAITRE DE MUSIQUE
M. *Lintant.*

PREMIER VIOLON
M. *Feauveau.*

AUTRES VIOLONS, Messieurs :

Cudré.	*Casimir.*
Lequin.	*Scherdre.*
Paris.	*Boubert.*

et *Pagnier.*

QUINTES

MM. *David.*
     Saint-Charles.

CORS

MM. *Chreihk.*
     Hartmann.

BASSONS

MM. *Piquet.*
     Launet.

HAUTBOIS

MM. *Hastier.*
     Touty.

BASSES

MM. *Levasseur.*
     Hubert.
     Mailli.

CONTRE-BASSE

M. *Gresset.*

En tout 20 musiciens, soigneusement choisis et triés sur le volet.

Le Théâtre des *Beaujolais*, pour avoir le droit de faire chanter sur sa scène — même par des chanteurs que l'on ne voyait pas — payait à l'*Académie Royale de Musique* une redevance de 833 livres, 6 sols et 8 deniers.

En octobre 1785, les *Petits Comédiens de Monseigneur le Comte de Beaujolais* furent appelés à Saint-Cloud pour avoir l'honneur de jouer l'*Amateur de Musique*, paroles et musique de M. Raymond, et *Les Ruses d'amour* ou l'*Epreuve*, comédie en vers libres par Maillé de Marencourt, musique de Chardini, devant Leurs Majestés et la Famille Royale assemblées.

Cet honneur immense fait à la troupe de MM. Delcmel et Gardeur, eut le plus grand retentissement, et fit une énorme réclame aux *Petits Comédiens de Monseigneur le comte de Beaujolais*.

L'auteur de l'*Amateur de Musique*, M. Raymond, devait remplacer au pupitre de chef d'orchestre, deux années plus tard, M. Lintant, décédé.

Voici le Répertoire des pièces jouées en l'année 1785, par la troupe des *Beaujolais* :

L'Amant Echo, comédie en un acte.

L'Amateur de Musique, musique de M. Raymond ;

L'Amour et la Poésie, comédie en un acte, mêlée de chant.

Anacréon, pièce en un acte, mêlée de chant.

Annette et Basile, mélodrame en un acte.

L'Armoire ou *La Cachette*, en un acte, musique de M. Raymond.

Belphégor ou *Le Diable à Florence*, comédie en un acte, dont j'ai parlé déjà.

Cidippe, opéra en un acte, paroles de M. Bouteiller, musique de M. Froment, de l'Académie Royale de musique.

Cette pièce n'était qu'un arrangement des trois, portant le même titre et faites sur le même sujet, qui précédemment avaient été jouées, la première en 1625 sous le titre de *Aronie et Cydipe*, tragédie de Jean, *Ogier de Gombault*.

La seconde en 1623 sous le titre de *Cydipe*, Pastorale en 5 actes, avec des Chœurs et un Prologue, par *M. de Baussais*.

Enfin la troisième en Février 1726, sous le même titre de *Cydippe*, — mais par deux P, cette fois — Opéra-comique en 1 acte, avec un Prologue.

Cette dernière fois, elle réapparaissait avec un I remplaçant l'Y, et remportait un véritable succès.

Puis, vinrent :

Le Compliment du jour de l'An ou *Les Fêtes gauloises*, pièce d'à-propos jouée le 31 décembre.

Les Cris de Paris, comédie en un acte.

Esope au Palais-Royal, pièce épisodique en un acte.

C'était une satyre contre les mœurs parisiennes, flagellant, cinglant les auteurs, les actrices et les filles.

Une revue, comme on les sert de nos jours dans nos petits théâtres, à toutes les époques de l'année : Revues de Printemps, d'Eté, d'Hiver, etc., etc.

Cet acte obtint un succès de vogue. Le spectacle était nouveau, il attira.

Puis on reprit : *Figaro, directeur de Marionnettes*, comédie en un acte, représentée l'année précédente sans applaudissements, mais que M. Gardeur tenait beaucoup à voir jouer, parce qu'il y avait collaboré.

Galathée, comédie en un acte, par M. le chevalier de Cubières.

Le critique Rousseau écrivit un article enthousiaste sur cette jolie comédie, « estimant qu'elle aurait été jouée plus dignement par les Comédiens-Français. »

Il terminait par cette phrase : « *Galathée*, dans la salle des *Petits Comédiens*, est un bas de soie dans un sabot. »

Goburge dans l'île des Fallots, parodie de l'opéra de *Panurge*. Cette parodie avait été représentée en l'année 1764. Le succès avait été tel que le public redemanda la pièce ; ce à quoi les deux directeurs s'empressèrent d'acquiescer.

L'heureux Dépit, ou *Les Enfantillages de l'Amour*, comédie en un acte, en vers, mêlée d'ariettes.

L'Impromptu du Palais-Royal, compliment de clôture de l'année théâtrale 1784 à 1785.

Ce compliment de clôture avait été récité par M. Venier, lequel, paraissant sur la scène au milieu des enfants et des marionnettes « avait l'air d'un géant au milieu de pygmées. »

Dans la riche et précieuse bibliothèque de la Comédie-Française, l'érudit et aimable bibliothécaire, M. Couët, met à ma disposition une pièce rarissime, intéressant le petit théâtre dont je reconstitue l'existence. C'est une affiche imprimée de ce spectacle, que je m'empresse de copier, dans sa forme, pour la mettre sous les yeux de mes lecteurs :

Cet entourage, gravé sur bois, représente une colonnade.

Par permission du Roy et de Mgr le Lieutenant-Général de Police

LES PETITS COMÉDIENS

de bois de S. A. S. Mgr le Comte de Beaujolais

donneront aujourd'hui Lundi, 23 Mai 1785, au Palais Royal, la neuvième représentation de

GRIPPE-CIBALE ET BRULE-BOYAUX

Comédie en 2 actes, mêlée d'Ariettes et de Vaudevilles, précédée

DES CRIS DE PARIS

et terminée par

LES PLAISIRS CHAMPÊTRES

Ballet-Pantomime en 1 acte

Le Rideau levé on ne rendra plus l'argent.

On s'adressera pour louer les Loges à la dite Salle

Permis d'imprimer et d'afficher le 2 avril 1785

LE NOIR.

De l'Imprimerie de P. de Lormel, rue du Foin.

Cette partie basse de l'entourage représente une balustrade.

Les affiches des théâtres grands ou petits ne donnaient pas encore le nom des acteurs ; je l'ai écrit dans mon « *Histoire du Théâtre de* MONSIEUR ». Ce furent les sieurs Léonard et Viotti qui inaugurèrent, pour leur beau théâtre, cette présentation des noms de leurs Comédiens sur les affiches.

Puis, les vedettes succédèrent à l'uniformité, ou plutôt à l'égalité des caractères d'imprimerie ; beaucoup plus tard, sur l'affiche du théâtre de la Porte-Saint-Martin, un débat très grave s'étant élevé entre Bocage et Mlle Georges, que protégeait intimement le directeur Harel, il fut arrêté que chacun des deux artistes, aurait chaque semaine son tour de priorité sur l'autre.

Pendant une semaine, l'affiche annonçait donc : M. BOCAGE, rôle de *Buridan*, et Mlle GEORGES, rôle de *Marguerite de Bourgogne*.

La semaine suivante on pouvait lire : Mlle GEORGES, rôle de *Marguerite de Bourgogne*, et M. BOCAGE, rôle de *Buridan*.

Beaucoup plus tard, ce fut le tour de Frédérick Lemaître et de Laferrière de se trouver en rivalité, sur l'affiche du théâtre de la Gaîté, à propos d'une reprise à ce théâtre de *Henri III et sa cour*.

On connaît le mot de Frédérick, cédant la première vedette à Laferrière, en disant au directeur Hostein :

— Que Laferrière passe avant moi ! *Honneur aux Dames* !...

Mais, revenons à nos *Beaujolais* :

Le 17 juillet, on donna la première représentation de *Lubin et Suzette*, opéra-comique en un acte.

Puis vinrent *La vraie Ruse d'amour*, musique de M. Raymond ;

Les Spectacles, ou *Le Petit mot pour rire*, pièce en un acte, mêlée de vaudevilles.

Cette dernière pièce était une sorte ne revue théâtrale, où tous les spectacles de Paris, depuis la sévère Comédie-Française jusqu'aux théâtres de la Foire, étaient plaisantés et pris spirituellement à partie, dans leurs prétentions exagérées, et le côté grotesque qui en résultait.

Le compère de la pièce — car déjà le personnage du com-

père s'imposait pour voir défiler devant lui les Spectacles de
Paris, — voyant s'avancer un personnage tragique, vêtu en
Romain et portant des lunettes et un bonnet de coton, chan-
tait sur l'air : *Cœurs sensibles, cœurs fidèles* :

> A la Comédi'-Française,
> Où tout est grec et romain,
> Le spectateur dort à l'aise
> Sous le vers Alexandrin.
> Là, tout orage s'apaise,
> Il y bâille à tout propos.
> Comme en un champ de repos,
> C'est un vrai champ de repos.

Un soir, on ne vit pas paraître à son orchestre le Maître de
musique M. Lintant ; on courut chez lui ; on le trouva mort
dans son lit.

On jouait, ce soir-là, *L'armoire et la Cachette*. M. Raymond,
l'auteur de la musique, proposa de monter au pupître, à défaut de l'infortuné défunt. On accepta avec empressement, et
dès le lendemain, M. Raymond traitait avec MM. Delomel
et Gardeur, pour le remplacement immédiat du mort.

J'ai découvert dans un bouquin devenu introuvable, et que
seul possède dans sa riche bibliothèque le si célèbre et si artistique couturier pour dames, M. Doucet, des notes surprenan-
tes, que je suis aise de présenter aux amateurs de curiosités
théâtrales, M. Doucet ayant eu l'extrême complaisance de
mettre ce livre précieux à mon entière disposition.

Le bouquin est intitulé :

LES MIMES DU PALAIS-ROYAL

Son auteur est ce même M. Louis RAYMOND, devenu chef
d'orchestre des *Beaujolais*.

Les détails que je vais citer ont été scrupuleusement relevés
et annotés par lui au jour le jour ; donc, indiscutables.

Par la citation que j'ai faite du « Continuateur de Bachaumont », on a pu voir que la critique n'avait pas été tendre pour
l'entreprise naissante de MM. Delomel et Gardeur.

M. Gardeur s'était fâché, avait voulu répondre, mais De-lomel plus froid l'avait raisonné et calmé :

— On parle de nous, avait-il dit ; peu importe que ce soit en bien ou en mal!... l'important, c'est que l'on cite notre théâtre ; cela prouve que nous existons.

Et M. Gardeur avait repris du sang-froid, reconnaissant la justesse de raisonnement de son associé.

Voici le Tableau de la *Troupe des Beaujolais*, tel que je le relève pour l'année 1787, dans le livre si documenté de M. Louis Raymond :

ÉTAT
DE TOUT CE QUI COMPOSE LE SPECTACLE DES BEAUJOLAIS

ENTREPRENEURS
Messieurs *Delomel* et *Gardeur.*

REGISSEUR
M. *Dorceval.*

CAISSIER
M. *Munier.*

ACTEURS CHANTANT DANS LA COULISSE

Messieurs :

Mesdames :

Delbois. *Labit.* *Hugot.*	Hautes-contre.	*Vincent.* *Plaisance.*	Premières chanteuses.
Chevrier. *Cardinal.* *Masclé.*	Tailles.	*Lefebvre.* *Duchesne.* *Théodore.*	Deuxièmes chanteuses.
Vénier. *Bourgeois.* *Dubois.* *Chaplot.*	Basses-tailles.	*Rosin.* *De St-Martin.*	Deuxièmes chanteuses.
Dester. *Plaisance.*	Parlants dans la coulisse.	*Venier.* *De la Porte.* *Du Castel.*	Duègnes.

RÊPÊTITEUR DU CHANT

M. *Delboi*, de l'Académie Royale de Musique.

ACTEURS PARLANT SUR LA SCÈNE

MM. *Lefort.*
    Dester.
    Lorillard.
    Talon.
    Mercier.
    Boitte.
    Damas.
    Moreau.

Mlles *Malard.*
    Nebel.
    Brion.
    Lévesque.
    Masson.
    Gontier.
    Duprés.
    Vallot.
    Le Febvre.
    Fleuri.
    Trial.
    Le Gendre.

(Ces mêmes acteurs jouent les mimes).

RÉPÉTITEURS POUR LES ENFANTS

Soient qu'ils jouent les mimes ou qu'ils parlent.
MM. *Guillemain* et *Maillé.*

BALLET

MAITRE DES BALLETS

M. *Barré*, de l'Académie royale de Musique.

1er DANSEUR

M. *Moreau*

1re DANSEUSE

Mlle *Hugens.*

FIGURANTS

MM. *Giraud.*
    Verneuil.
    Bourgeois.
    Cliatus.
    Tabraise.
    Garochel.
    La Bottière.
    Desforges.

FIGURANTES

Mlles *Flamant.*
    Flein.
    Jouan.
    Lacoste.
    Etienne.
    Galais
    Pichard.
    Richet.
    Parisot.

RÉPÉTITEURS DES BALLETS

MM. *Paris* et *Boitte.*

ORCHESTRE

MAITRE DE MUSIQUE
M. B.-L. *Raymond.*

INSTRUMENTISTES

4 premiers violons.
4 seconds violons.
2 quintes.
4 basses.
1 hautbois.
1 flûte.
2 bassons.
2 cors.
1 trompette.
1 timbalier.
––––
22 Musiciens.

EMPLOYÉS

4 contrôleurs.
1 chef machiniste.
5 garçons de théâtre, machinistes.
1 concierge.
3 garçons de service.
3 habilleuses.
7 ouvreuses de loges.

MM. Delomel et Gardeur employaient donc en tout 113 personnes.

On voit que c'était bien un véritable théâtre que dirigeaient les deux administrateurs des *Beaujolais* et que la taille et le physique des enfants masculins et féminins qui composaient la troupe, n'avaient rien à voir avec les plaisanteries qui, d'abord, s'adressèrent avec acharnement, aux deux entrepreneurs de ce théâtre lilliputien. Tout n'étant qu'illusion, au bout d'un instant les spectateurs oubliaient qu'ils avaient affaire à de pauvres bébés, pour ne voir en eux que les personnages qu'ils représentaient.

Je lis cet article dans la *Lorgnette Théâtrale* à l'appui de ce que je viens d'avancer :

« Un effet surprenant que produit ce petit théâtre, par la manière dont il est construit, c'est de faire paraître de petits enfants de deux pieds et demi, aussi grands que de grandes personnes. Il faut voir plusieurs fois ces petits êtres descendre du théâtre après les pièces, pour se persuader que ce ne sont, en effet, que des enfants. Cette illusion provient des frises qui étaient fort basses du temps des *Bamboches* ».

« De loin, tel enfant, qui n'a pas quatre pieds, paraît être de la taille d'une personne ordinaire. »

Voici maintenant le répertoire des ouvrages joués depuis l'ouverture des Beaujolais, c'est-à-dire depuis 1784, jusqu'à 1789, époque à laquelle il brillait de tout son éclat :

OPÉRAS

1784. — *Cydippe*, pastorale en un acte, en vers, de M. de Boutitier, musique de M. Froment, de l'Académie royale de Musique.

Les Projets ridicules, ou la suite du *Vieux soldat*, comédie en deux actes, en vers, paroles de M. Demaillot, musique de M. Froment.

L'Amateur de musique, opéra-bouffon en un acte, en prose, paroles et musique de M. B.-L. Raymond.

Cette pièce n'était qu'un prétexte à airs intercalés. « Un amateur de musique réunissait dans son salon amis et connaissances, les faisait chanter, et accordait en mariage sa fille à la plus jolie voix des hommes, qui se trouvait être un jeune haute-contre ; et son fils, à la plus méritante des chanteuses, dont le jeune homme était précisément amoureux. »

La musique était gracieuse, la pièce réussit.

Anacréon, comédie-pastorale, en vers, en un acte, paroles et musique du même.

M. B. L. Raymond avait tout simplement pris, un *Anacréon* de M. de S***, en prose, mêlée de vers, joué au mois de janvier 1754.

Il en avait complètement refait la musique et l'avait fait réussir à nouveau.

L'Armoire ou *la Cachette*, opéra-bouffon en un acte, en prose, paroles et musique du MÊME.

L'Amant écho, opéra-bouffon en un acte, en prose, paroles et musique du MÊME, RAYMOND.

Le Braconnier, comédie lyrique en un acte, en prose, paroles de M. LIEUTAUD, musique de M. B.-L. RAYMOND.

Comme on le voit, M. B.-L. Raymond abusait beaucoup de sa situation de chef d'orchestre du théâtre, pour composer la musique de presque toutes les pièces que les auteurs faisaient recevoir.

Il ne nous est pas possible d'admettre que ce fût la pénurie de compositeurs, qui forçât MM. Delomel et Gardeur à confier l'exclusive composition des partitions, à leur chef de musique; puisque quelque temps après, les deux Directeurs reçurent d'un groupe de compositeurs une lettre de plaintes et de réclamations contre l'accaparement « indécent » du trop prolixe M. Raymond.

La Ruse d'amour, comédie en vers, en un acte, paroles de M. MAILLÉ, musique de M. CHARDINY, de l'Académie royale de Musique.

Le Pouvoir de la Nature, ou la suite de la *Ruse d'amour*, comédie en vers, en deux actes, par les mêmes auteurs.

L'Heureux dépit, comédie en vers, en un acte, paroles de M. LIEUTAUD, musique de M. CHAPELLE.

Suzanne et Colinet ou *Les Amants heureux par stratagème*, comédie mêlée d'ariettes, par PIERSON de BÉRAINVILLE, musique de PICCINI.

Le Bailly bienfaisant, comédie en prose, en un acte, paroles de M. THÉO, musique de M. CHAPELLE.

Le Double mariage, comédie en prose, en un acte, mêlée d'ariettes, paroles et musique des mêmes.

Jean-Jeannot, opéra-bouffon en un acte, en prose, paroles et musique de M. ***.

L'auteur des paroles et de la musique de cet opéra était encore M. B.-L. RAYMOND. Mais, je l'ai dit, le directeur, M. DELOMEL avait reçu de nombreuses lettres de compositeurs et d'auteurs irrités se plaignant de la trop grande fécondité de M. Raymond et l'invitant à modérer l'ardeur de ce producteur, s'il ne voulait se créer de nombreux ennemis.

M. Delomel avait communiqué ces lettres à son très utile pensionnaire ; et celui-ci, dans la crainte d'éloigner complétement du théâtre ces auteurs, trop jaloux de leurs intérêts, avait résolu, sur le conseil de ses directeurs, de ne plus signer que quelques-unes de ses productions.

Le Faux Serment, comédie en vers, en un acte, paroles de M. Dancourt, musique de M. Deshayes.

Le Paysan à prétention, opéra-bouffon en un acte, en prose, paroles de M. Masson, musique de M. Deshayes.

Les amours du Gros-Caillou, opéra-bouffon en un acte, en prose, paroles de M. Guillemain, musique de M. Rigel.

Atine et Zamorin ou l'*Amour turc*, comédie en vers, en 3 actes, à spectacle, paroles de M. Dancourt, musique de M. Rigel.

Ariane, fille de Minos, paroles de M. L.-R. Dancourt, comédie en un acte, mêlée de couplets, dont la musique est du même Rigel.

Il ne faut pas confondre ce L.-R. Dancourt avec le Florent, Carton, Dancourt, comédien de valeur et auteur dramatique distingué, que l'on surnomma, dans un trop grand élan d'enthousiasme, « le continuateur de Molière ».

Celui dont nous nous occupons ici, naissait quand son célèbre homonyme mourait.

Le Dancourt présent était fils d'un brave tanneur qui avait son établissement de tannerie sur la rivière de Bièvre, près la manufacture des Gobelins. Il avait donc fait son apprentissage dans les cuirs.

Le Dancourt d'autrefois, lui, avait fait de fortes études chez les Jésuites, lesquels l'avaient en quelque sorte poussé, eux-mêmes, vers le théâtre, de même qu'ils y avaient poussé Corneille, Molière, Voltaire et Gresset.

Le jour où le L.-R. Dancourt était venu faire entendre sa pièce aux deux directeurs, il avait traversé la scène dans l'obscurité, sans se rendre compte de l'endroit où il se trouvait, et ne sachant plus comment retrouver son chemin, s'était mis à crier : « A l'aide ! à mon secours ! je vais tomber. »

M. Gardeur était accouru avec une lanterne, et avait guidé M. Dancourt vers le foyer où devait s'effectuer la lecture en lui disant : « Je ne suis pas Louis XIV, Monsieur, mais je vous sauve la vie, comme ce grand monarque l'a sauvée à votre homonyme réputé. »

En effet, un jour que la Comédie-Française jouait à la Cour, Louis XIV, voyant Dancourt reculer vers un escalier, en continuant à le saluer profondément, lui avait crié : « Prenez garde, Dancourt, vous allez tomber. »

Le Dancourt second, auteur de cette *Ariane, fille de Minos*, était un homme qui se ressentait beaucoup du milieu commun dans lequel il avait été élevé, jurant et sacrant à propos de rien. Le jour de la Confirmation, à peine âgé de 12 ans, il avait dit à l'Evêque, qui allait lui administrer le Sacrement : « Monsieur l'Evêque, ne me souffletez pas trop fort. J'ai mal aux dents de ce côté, et si vous me faisiez mal, je gueulerais comme un âne. »

L'évêque avait immédiatement déclaré ce pécheur mal élevé, indigne de recevoir le Sacrement de la Confirmation.

Dancourt premier, au contraire, « regrettait fort l'excommunication qui pesait alors sur les comédiens. » Un jour qu'il s'en plaignait au Président de Harlay, celui-ci lui répondit : « Dancourt, nous avons des oreilles pour vous entendre, des mains pour recevoir vos aumônes, mais point de langue pour vous répondre. »

Il demeure donc impossible de confondre l'acteur-auteur, bon écrivain, bon comédien et bon chrétien, avec le mécréant qui avait écrit *Ariane, fille de Minos*.

La pièce de Dancourt deuxième, obtint un certain succès.

Le soir de la première représentation, grisé par les applaudissements, il s'était écrié, devant les acteurs : « Nom de Dieu !... je ne crois pas que le Dancourt trépassé, que l'on me f... tout le temps à la tête, désavouerait après ce succès un homonyme de mon espèce. »

On le surnomma *Dancourt le Petit*.

C'est à ce même Dancourt que l'on doit le pamphlet célèbre : *L.-R. Dancourt, arlequin de Berlin, à J.-J. Rousseau, citoyen de Genève.*

M. Rigel, Henri-Joseph, son collaborateur, était un compositeur allemand, élève du grand musicien Jomelli. Il était venu à Paris, forcé de quitter son pays, Wertheim, en Franconie, pour avoir donné un soufflet à un grand personnage qui se vantait d'avoir été l'amant de sa mère. Réfugié en France, il y était devenu célèbre pas ses compositions musicales et comme professeur de clavecin.

Gluck faisait grand cas de lui.

Dancourt le Petit s'était lié avec Rigel d'une façon toute particulière :

Ce dernier avait surpris Dancourt en conversation compromettante avec sa maîtresse, une demoiselle Rosin, chanteuse de coulisses, au *Théâtre des Beaujolais.*

Provocation avait eu lieu ; duel s'en était suivi.

Dancourt avait été blessé légèrement à la main droite et avait dit, sur le terrain, à Rigel : « Nom de Dieu ! avouez que nous sommes bien bêtes d'avoir voulu nous couper la gorge pour une personne qui n'en possède aucune. »

Rigel, amusé de cette facétie, avait tendu la main à Dancourt ; et de cette liaison était née leur collaboration.

Revenons au répertoire :

Colin et Colette, opéra-bouffon en un acte, paroles et musique de M. ***.

Ce fut encore le chef d'orchestre Raymond, qui ne signa pas cet opéra, dont il était l'auteur.

Les Deux Jaloux, opéra-parade en prose, en trois actes, paroles de M. M..., musique de M. Bonnel, de l'Académie Royale de Musique.

Les Curieux punis, opéra-bouffon en prose et en un acte, paroles de M. Desenne, musique de M. Bonnain.

Suzette et Francinet, opéra-bouffon en un acte, paroles de M. le Chevalier de Brétigny, musique de M. Champagne.

Les Fourberies de Mathurin, opéra-bouffon en un acte, en prose, paroles de M. d'Avène, musique de M. Bambini.

L'heureux Stratagème, opéra-bouffon en un acte, en prose, paroles de M. M***, musique de Mlle CAROLINE VUYET.

Adélaïs, pantomime historique en trois actes, par M. MAILLÉ DE MARENCOURT.

Le Manteau, comédie en prose, en un acte, paroles de M. MOLINE, musique de M. L. L. P.

Le Roi de la Bazoche, opéra-bouffon en 1 acte, paroles de M. ***, musique de M. BORGHÈSE.

CHAPITRE III

DÉTAILS INTIMES. — RÔLE DE L'INSTITUTEUR. —
SUITE DU RÉPERTOIRE. — LA PETITE CHANTEUSE AVEUGLE.

Il y avait, parmi ces bambins de neuf à douze ans, des riva-
lités d'emploi, qui dégénéraient parfois en profondes haines.
« On se fût cru à la Comédie-Française. »

Je lis à ce sujet, dans le volume de M. Raymond : « Dévorés
du désir de se montrer avantageusement, ces enfants mettent
tous leurs soins à bien remplir les rôles qu'on leur distribue,
par l'espoir qu'en rendant bien celui-là, outre les applaudissements qu'ils obtiendront, et auxquels ils sont très sensibles,
on leur en donnera d'autres. »

L'amour-propre est de tous les âges.

« On surprit une fois un enfant de onze ans, cherchant à
étrangler son rival, d'un an plus jeune que lui, parce qu'il avait
été réclamer un rôle auprès de M. Delomel, et qu'il avait réussi
dans sa démarche. »

« Attirés par les cris de la petite victime, ses camarades
eurent toutes les peines à l'arracher des mains de son aîné. »

Quelques détails d'intérieur sur la façon dont le travail
s'exécutait chez les *Beaujolais* :

« Lorsque l'on veut monter une pièce, les Directeurs font
tirer deux copies du dialogue : l'une pour les enfants, dans
laquelle on joint les vers mis en chant, et l'autre pour les chanteurs, où il n'y a que le dialogue seulement. »

« Les Directeurs, de concert avec l'*Instituteur*, distribuent
les rôles à ceux des enfants qu'ils jugent les plus propres à les

mieux rendre par leur intelligence. On ne pourrait jamais s'imaginer combien tous ces petits enfants sont jaloux de jouer dans une pièce ; et combien ils sont sensibles au refus qu'on fait quelquefois de leur donner un rôle. »

« Rien n'égale encore leur douleur lorsque les Directeurs, ou l'*Instituteur*, ayant jugé la distribution primitive mal faite, ôte un rôle à quelqu'un d'entre eux. J'en ai vu qui, affligés jusqu'aux larmes, ne pouvaient se consoler. »

Cet emploi d'*Instituteur* correspondait à celui de *metteur en scène* et *régisseur*.

On exigeait bien de ces enfants qu'ils sachent lire ; mais les plus petits ânonnaient à première lecture, ne comprenaient guère les intonations à produire, les intentions à donner. L'*Instituteur* était là, leur enseignant les modulations de la voix, les gestes à faire, les expressions de physionomie, les élans de passion, les effets comiques ou dramatiques à produire.

M. Dorceval, qui remplissait cet emploi, que l'on peut juger des plus importants, était un ancien comédien qui avait joué en province les grands rôles de comédie. Doué d'un juste bon sens, d'une douceur infinie, d'une bienveillante patience, il savait se faire adorer de ses petits comédiens, par l'aménité de ses manières, la loyauté et la franchise de son caractère, ainsi que par la douce affection qu'il leur portait.

Il avait dit un jour à l'auteur Dancourt, très mal embouché :
— M. Dancourt, je vous prierai de ne plus jurer, devant ces enfants, le nom du Bon Dieu, comme vous le faites à chaque instant.

Et M. Dancourt se l'était tenu pour dit.

Mais, je reprends le Répertoire courant de notre petit théâtre.

COMÉDIES

Le Vieillard corrigé, en prose et en un acte, par M. Dulau-rens.

La Mère clairvoyante, en prose et en un acte, par Mme Petit.

C'était une copie de *La Mère embarrassée*, opéra-comique de Panard, joué en 1734, à la foire Saint-Laurent.

Mme PETIT, l'auteur, n'avait pris souci que de changer le nom des personnages et le titre de la pièce.

Les Jeunes amans, en prose et en un acte, par M. LE BAS.

Les Délassemens de l'amour, en prose et en un acte, par M. ***.

Le Peintre jaloux, en prose et en un acte, par M. MAILLÉ.

La Solitude, en prose et en un acte par M. GUILLEMAIN.

La Surprise réciproque, en prose et en un acte, par M. ***.

C'est à la première représentation de cette pièce qu'un spectateur s'écria : « La surprise est surtout pour nous. Nous comptions sur une comédie, et on nous sert de la bouillie pour les chats. »

Arlequin et Séraphine, en prose et en un acte, par M. THIBAULT.

Je relève sur cette même pièce cet autre titre : *Les amours d'Arlequin et de Séraphine*, comédie par M. GORGI. Peut-être est-ce la même.

MÉLODRAMES

Annette et Basile, en prose et en un acte, par M. GUILLEMAIN.

Alexis et Rosette, par M. GUILLEMAIN.

Ninon, par M. POMPIGNI.

Rosine et Julien, par M. LUTAINE.

L'Honnête criminel, en cinq actes, de M. FENOUILLOT DE FALBAIRE.

Cet *Honnête criminel* ou *l'Amour filial*, était l'histoire véridique de Jean Fabre, protestant de Nîmes, qui se substitua à son père et obtint d'être condamné aux galères en son lieu et place, pour avoir fait partie d'une assemblée religieuse, surprise en 1756.

M. Fenouillot de Falbaire avait écrit sur ce sujet un drame en vers, très intéressant, drame que la censure royale avait interdit à Paris, étant donné le motif de l'injuste condamnation ; mais la pièce imprimée avait été jouée en province. Il appartenait aux *Beaujolais* de la faire connaître à Paris.

Plus tard, le Théâtre de la Nation — Comédie-Française —

s'en empara et fit triompher l'œuvre dans la soirée du 4 janvier 1790.

M. Delomel ne manqua pas de dire à ce sujet : Ils me prennent mes pièces ; ces gens-là sont sans vergogne.

On joua encore *Le Fabricant de Londres*, du même auteur.

Anne de Bretagne, de Louis Ferrier, tragédie, qui avait été représentée à l'Hôtel de Bourgogne en 1678.

M. Delomel avait prié un de ses auteurs ordinaires, M. GUILLEMAIN, de la mettre en prose, pour être représentée sur son théâtre des *Beaujolais*.

Transformée ainsi, la pièce réussit peu. L'âme de son premier auteur LOUIS FERRIER en dut souffrir.

Cet auteur — Louis Ferrier — né en Avignon, avait été appelé devant le Saint-Office de l'Inquisition, pour être châtié de ce vers, paru dans un poëme : *Les Préceptes galants*, dont il était l'auteur :

« *L'amour pour les mortels est le souverain bien.* »

Il fut accusé « d'obscène et d'hérétique » et demeura six mois en un cachot, jusqu'à ce que se terminât son procès, par un acquittement. C'est alors que, fuyant l'Avignonnais — qui appartint à l'Eglise Romaine jusqu'en 1791 — il se réfugia Paris.

La pièce *Anne de Bretagne* réussit peu, je l'ai dit .

D'autres mélodrames suivirent :

Le Mort vivant, de M. PASCAL.

Ce mélodrame en prose était la copie transformée du *Mort vivant*, de BOURSAULT ; c'est à la Bastille que Boursault écrivit sa pièce jouée en 1662.

Cette pièce n'était d'ailleurs, elle-même, que la reproduction d'une ancienne Comédie Italienne.

La Fiancée du Gouffre, par ANTOINE SAURIN.

Nous devons constater que le genre du mélodrame était le moins apprécié sur le théâtre des *Beaujolais*.

Cette liste des pièces formant le répertoire du Petit Théâtre est relevée entièrement dans le livre de M. Louis Raymond : *Les Mimes du Palais-Royal*, ou *Réflexions sur divers points, concernant le spectacle des Beaujolais.*

Louis Raymond, à propos du genre, dit « mélodrame », qui était d'origine récente, le définit ainsi :

« Mélodrame est la nouvelle appellation d'une application théâtrale qui vient de se créer. »

« Le mélodrame, pour ceux qui ne connaissent pas encore ce genre de pièce, est une comédie dans laquelle le dialogue est interrompu par de petits morceaux de musique, joués par des instrumens ; ces morceaux de musique doivent être des airs connus, tels que des *Ponts-neufs*. L'auteur arrête souvent ses phrases, pour faire dire par l'orchestre ce que le personnage dirait lui-même. On peut prendre *Annette et Basile*, ou *Alexis et Rosette* pour modèles dans ce genre d'ouvrages. »

Combien la définition de ce genre a dévié, depuis M. Louis Raymond. Et qu'il y a loin de ce qu'on appelle méprisamment de nos jours « un mélodrame » au doux mélodrame lyrique d'autrefois.

Dans les notes dont le dit M. Raymond fait suivre chacun de ses chapitres, je relève celle-ci, des plus curieuses :

« Un point essentiel, que l'on ne doit pas négliger, c'est d'adapter les organes du chanteur au physique de l'enfant qui remplit un personnage, tel qu'il soit. Ceci regarde particulièrement la voix des hommes. Il est, en effet, très ridicule d'entendre une voix forte, lorsqu'on voit un enfant fluet sur la scène, et dont l'air est extrêmement jeune. Il est impossible de se persuader qu'une pareille voix sorte d'un si petit corps. »

Autre note des plus instructives :

« Il n'est pas bien facile d'être un bon comédien de coulisse. En premier lieu, on est isolé ; en second lieu, on ne voit souvent point l'interlocuteur avec qui l'on est en scène ; en troisième lieu, il faut être bien pénétré du caractère de son rôle, pour y mettre de la chaleur ; l'action du geste n'étant presque pas possible, et le jeu de physionomie paraissant inutile, puisqu'il ne peut être aperçu. »

« Si, dans une action ou un dialogue animé, l'acteur en coulisse débite froidement, et que le mime en scène mette de la chaleur dans ses gestes, dès lors il y aura entre les deux personnages un contraste désagréable. »

Aussi recommandait-on formellement aux enfants qui mimaient, de ne point écouter de conseils en dehors de ceux donnés par l'instituteur et l'auteur de la pièce. Eux seuls savaient ce qu'ils pouvaient obtenir de leurs élèves, de leur intelligence, de leurs dispositions, de leur caractère, de leurs aptitudes, de leurs qualités, voire même de leurs défauts.

L'instituteur avait vite fait de connaître, quand une personnalité étrangère s'était avisée de donner quelques conseils à l'un ou à l'une de ses élèves, en dehors des leçons journalières.

Un jour, M. Dorceval reprit un de ses petits élèves, fautif, à la répétition du lendemain, d'avoir ajouté plus de chaleur qu'il n'en donnait d'habitude dans la préparation d'un de ses rôles.

L'enfant s'excusa en se retranchant derrière ceci :

— C'est M. Clairval et Madame Dugazon, qui sont des connaissances à papa, et qui m'ont conseillé, hier soir, de faire comme ça.

M. Dorceval fit venir le père de l'enfant et lui dit : « Personne plus que moi n'admire le talent de M. Clairval et de Madame Dugazon. Je les considère comme uniques dans leur genre, et infiniment supérieurs à ces *acteurs à ariettes*, qui, lorsqu'ils cessent de chanter, ne savent plus que faire de leurs bras et de leurs jambes ; mais, je vous préviens que si votre fils écoute encore leurs conseils, je me verrai contraint de me séparer de lui. Les enfants que j'ai à éduquer, ne doivent être que de petits instruments dont seul je sache jouer. Toute initiative de leur part détruit l'harmonie qui doit exister entre leur geste et la parole qui part de la coulisse. C'est moi le régulateur entre l'un et l'autre. Et Madame Saint-Huberti, elle-même, que je trouve inimitable dans le troisième acte de *Pénélope*, viendrait dire à une de mes petites élèves : « Faites ceci et ce sera superbe !... » que je répondrais à Madame Saint-Huberti : « Admirable comédienne, apprenez vos sublimes actions à des femmes ou à des hommes en âge d'agir par eux-mêmes ; mais ne vous mêlez pas d'éduquer des enfants, qui ne sont et ne doivent être que de petits singes imitateurs, plus ou moins bien doués, pour copier et reproduire ce qui leur est enseigné par moi. »

Le père comprit que l'instituteur avait raison et recommanda à son fils de ne plus écouter les conseillers étrangers aux *Beaujolais*, fussent-ils les plus grands comédiens du monde.

A ce sujet, je trouve encore dans les notes de M. Raymond, ces lignes, qui viennent à ce propos : « Il est malhonnête de donner des avis à ces enfants en présence ou hors la présence de leur instituteur ; parce qu'en agissant ainsi, en leur ôte la confiance qu'ils doivent naturellement avoir dans la capacité de celui qui les enseigne. »

M. Dorceval avait trouvé un très bon moyen, du reste, d'exciter l'amour-propre de ses petits élèves. Il faisait apprendre le même rôle par deux enfants à la fois, et leur disait :

— Celui qui portera le plus d'attention à mon enseignement et qui saura ce rôle le premier, sera celui qui le jouera.

Vous pensez quelle émulation naissait de cette petite course au clocher. Souvent, un père, déçu dans le triomphe qu'il espérait voir obtenir par son rejeton, venait se plaindre à M. Delomel ou à M. Gardeur.

Ceux-ci répondaient invariablement :

— Ce n'est pas de notr compétence. Adressez-vous à M. Dorceval. Il s'y connaît mieux que nous et que vous.

Le père, revenu à l'instituteur, ne manquait jamais de lui dire :

— Moi, Monsieur, je trouve que mon fils a plus de talent que son petit camarade et que vous avez eu tort de ne pas lui laisser le rôle.

Et le bon Dorceval répondait : « Ne prononcez pas le mot « talent » à propos de mes petites machines. Ils n'ont que des qualités. Et encore, ne faut-il pas le leur dire. On gâte les enfants par des éloges excessifs. Quand vous dites à votre fils qu'il a joué divinement, vous avez le plus grand tort. Il résulte de ces éloges outrés que l'enfant, qui croit plutôt à la louange qu'à la critique, ajoute plus de foi aux discours de celui qui le trouve *charmant*, qu'à ceux de celui qui a droit de le reprendre. »

Ainsi raisonnait très justement et parlait « l'Instituteur des *Beaujolais*. »

MM. Delomel et Gardeur avaient bien choisi en s'attachant M. Dorceval, lequel avait été un fort bon comédien, et possédait une grande pratique du Théâtre, qu'il savait appliquer avec un grand bon sens.

Il avait dit à ses directeurs, alors que ceux-ci lui proposaient d'entrer avec eux :

— « Messieurs, j'accepte cet emploi d'Instituteur, parce que j'en crois connaître les rouages. *L'Instituteur doit être doux*, honnête, prudent, sévère sans aigreur, rudesse ou grossièreté ; complaisant quelquefois, mais sans excès. Il doit se rappeler sans cesse qu'il parle à des enfants, et ne pas se lasser de répéter dix fois ce qu'ils ont de la peine à concevoir, sans y mêler aucun emportement. L'instituteur doit se faire aimer par sa douceur, son affabilité, autant qu'il doit se faire craindre par sa fermeté et une sévérité placée à propos. »

Ce code de l'Instituteur, résumé en quelques mots, par M. Dorceval, doit également se rapporter à celui du Régisseur-Metteur en scène, lequel n'est du reste qu'un instituteur parlant à des hommes — grands enfants — le plus souvent remplis de vanité et d'amour-propre. La sagesse du Régisseur est de connaître les défauts de caractère des artistes qu'il a à diriger ; et l'adresse, le tact aidant, à en jouer comme M. Dorceval jouait de ses gamins.

Je lis encore dans le précieux livre de M. Raymond, ces indications, ayant particulièrement rapport au Théâtre des *Beaujolais* :

« Il est très essentiel que le comédien de coulisse sache « par cœur » tant son dialogue que son chant, s'il veut servir son *mime* dans son jeu. Les personnages, dans une pièce quelconque, ne restent pas toujours à la même place. Ils vont tantôt de haut en bas et de bas en haut du théâtre ; tantôt de droite à gauche et de gauche à droite. L'acteur invisible doit exécuter, faire tous ces mouvements divers dans la coulisse, et lorsque le mime agit vivement sur la scène, s'il veut être à l'unisson avec lui, il doit dire vivement son dialogue. Or, pour le dire ainsi, il faut qu'il parle de mémoire ; car il lui serait impossible, ou du moins très difficile de lire en courant sur la même ligne, ou en passant derrière la toile du fond, pour aller du côté opposé, où la position théâtrale veut que son *mime* se trouve. »

Peut-on s'imaginer qu'un semblable théâtre ait existé ; qu'il y ait eu des auteurs se disputant la priorité pour faire jouer leurs pièces; du public et des journalistes pour venir entendre et juger ces pièces et ces acteurs ?

Cela est pourtant.

Nous en avons la preuve par le procès qu'intenta l'un de ces auteurs, M. le Chevalier de Bérainville, à MM. Delomel et Gardeur, Directeurs du Théâtre des *Beaujolais*, pour qu'ils jouassent sa pièce intitulée : *Raison et Folie* ; procès que les estimables Directeurs gagnèrent, étant considérés comme « marchands ayant accepté une marchandise frelatée, qu'ils se refusaient d'offrir aux chalands, dits spectateurs. »

L'un des juges avait lu la pièce de M. le Chevalier de Bérainville, et l'avait trouvée « somnolente et insupportable. »

Entre la scène sur laquelle les enfants jouaient, et la coulisse où les acteurs parlaient et chantaient, il y avait, cloué sur les châssis des décors, un voile découpé, destiné à masquer les acteurs ou chanteurs de coulisses, qui eussent pu être aperçus des spectateurs ; dans le fait, ce voile les masquait fort peu, ou même ne les masquait pas du tout, car M. L. Raymond dit encore à ce sujet :

« L'acteur qui parle ou qui chante ne doit jamais se tenir entre deux coulisses, de manière que le public le voye en tout ou en partie ; car, en usant ainsi, il détruit l'illusion. Au lieu de la *toile carrelée*, qui sert à cacher les acteurs *parlans et les laisse voir en entier*, il devrait y avoir une gaze très claire et très fine, qui, sans intercepter la voix, jetterait plus d'illusion sur la représentation des pièces. »

« La toile qui cache les acteurs, aux *Beaujolais*, est trop étroite ; elle devrait s'étendre davantage sur la première coulisse ; par ce moyen, les acteurs chantans ne seraient point vus. »

La voix de l'acteur de coulisse devait naturellement suivre le mime, dans tous ses changements de positions scéniques. Si le mime, dans la mise en scène réglée, avait à passer de gauche à droite, il fallait que l'acteur de coulisse se dépêchât de passer derrière le théâtre et de gagner la droite, pour que sa voix fût en exacte communion avec le jeu de son mime.

Aussi, pour éviter le bruit qu'occasionnaient ces courses folles, les acteurs de coulisse devaient-ils se débarrasser de leurs lourds souliers de ville, pour chausser pantoufles ou espadrilles.

Des chemins de tapis épais étaient du reste cloués dans les coulisses, pour assourdir leurs pas ; ce dont les chanteurs se plaignaient, prétendant que ces tapis amortissaient le timbre de leur voix.

Pour éviter le « temps froid », nécessité par une de ces passades de gauche à droite — ou de droite à gauche, — M. Raymond, dans son livre, conseille aux compositeurs de musique « l'emploi de petites ritournelles ; ou bien, dans les duo, trio, etc., de faire dialoguer les autres personnages, tandis que celui qui se déplace va où il doit être. »

Il y avait une chanteuse aveugle, parmi les chanteuses de coulisses des *Beaujolais*, Mademoiselle Chevrier. Sa voix était d'une pureté virginale ; et de la salle on la distinguait dans les « ensembles » au milieu de toutes ses compagnes. Quand, accompagnée de sa grand'mère, elle s'était présentée pour subir l'épreuve de l'audition, les deux Directeurs l'avaient tout d'abord éliminée sans vouloir l'entendre, étant donnée sa triste infirmité.

La persistance de Madame Chevrier, grand'mère, ancienne chanteuse de province, fit cependant que M. Delomel, bon homme, fut pris de pitié pour cette pauvre fille aveugle et cette vieille femme qui l'imploraient ; les larmes qu'elles avaient versées en se voyant impitoyablement exclues de l'épreuve, attendrirent finalement le cœur endurci de M. Gardeur, et la pauvre petite Chevrier fut admise à concourir.

Elle chanta un air de *Pirame et Tisbé*, opéra du sieur François Rebel, pour la musique, et Francœur, pour les paroles.

La voix de l'aveugle s'éleva tellement pure, tellement suave, tellement timbrée, tellement caressante, tellement charmeuse, que les applaudissements des auditeurs éclatèrent à la fin de l'audition, et que Mademoiselle Chevrier fut immédiatement engagée, comme soprano de coulisse, aux appointements de vingt-quatre livres par semaine ; mais à la condition que la grand'mère ne quitterait pas sa petite-fille un seul instant et qu'elle la guiderait dans les coulisses, pour les changements de places qu'exigeraient les jeux de scènes, nécessairement ordonnés par le régisseur, M. Dorceval.

Ce dernier, excellent homme, avait de suite pris en grande affection la pauvre enfant — elle avait vingt ans — et, dans son travail de mise en scène, évitait le plus qu'il le pouvait, les déplacements de l'actrice, dont le jeu devait correspondre avec la voix de l'aveugle ; ce qui fait que celle-ci pouvait presque rester assise tout le temps, pendant les pièces dans lesquelles elle chantait, sans avoir recours à l'appui de sa grand'mère.

Ce spectacle d'une pauvre vieille femme guidant par la main son infortunée petite aveugle était tellement attendrissant, que les autres chanteurs s'empressaient de leur céder le pas et même de leur frayer le chemin.

Quand arriva le jour de l'an, tous les artistes, mimes, acteurs et chanteurs se cotisèrent, pour offrir une montre à « leur petite Chevrier ».

Les Directeurs apprenant le fait, portèrent à trente francs par semaine les appointements de leur intéressante pensionnaire.

CHAPITRE IV

1787 ET 1788

CARACTÈRES D'ENFANTS. — UTILITÉ DE CE PETIT THÉATRE

Les éloges de leurs Directeurs et de leurs Instituteurs flattaient beaucoup plus l'amour-propre des petits comédiens de *Beaujolais* que les applaudissements de la salle.

Aussitôt qu'ils avaient joué un rôle, dans lequel ils avaient obtenu du succès, ils restaient inquiets, jusqu'à ce qu'accouru près de M. Dorceval, celui-ci leur eût dit : « C'est bien !.. » Alors leur joie était débordante, et ils s'en allaient vers leurs parents en criant : « J'ai bien joué !... Monsieur Dorceval est content !.. »

Pour les récompenser, on leur permettait alors de parler eux-mêmes quelques lignes. Le parleur de la coulisse arrêtait alors son débit et l'enfant continuait seul.

Que d'envie de la part de ceux qui n'avaient pas mérité semblable récompense !

Autre curiosité, que seulement en ce petit théâtre on pouvait rencontrer.

On peut être un parfait chanteur et un méchant débiteur de prose.

Or, quand le jeu du « parleur » ne correspondait pas exactement avec son chant, le chant restait attribué à l'un et le dialogue du même rôle était distribué à un autre. Ce qui fait que ce seul rôle se trouvait être joué par trois personnes différentes : le chanteur, le comédien et le mime.

Et, cependant, ce petit théâtre, malgré ces difformités — c'en étaient de véritables — rendait des services signalés à l'art.

M. Louis Raymond écrit dans ses notes : « Le spectacle des *Beaujolais* est utile à nombre de musiciens, dont les talents seraient restés longtemps et peut-être toujours ignorés, si ce théâtre n'eût point existé. Il n'est pas facile de faire du premier coup un opéra ; il n'est guère plus facile de faire recevoir un ouvrage à la Comédie Italienne, lorsqu'on est inconnu ou sans protecteurs. D'ailleurs, tel peut faire une musique, bien accueillie aux *Beaujolais*, qui ne le serait pas aussi heureusement à l'Opéra ou à la Comédie-Italienne. »

On se plaignait généralement qu'aux *Beaujolais* les musiciens jouassent trop fort. C'était à cette époque un reproche qui pouvait s'adresser à tous les orchestres.

M. Raymond nous le prouve par cette note : « Il n'est ni spectacle, ni concert, tant à Paris qu'en Province, où je n'aie entendu faire ce reproche. »

J'arrive maintenant aux appointements que pouvaient gagner ces jeunes enfants ; car, devant que d'entrer en leur théâtre, MM. Delomel et Gagneur faisaient signer aux parents des engagements par lesquels ceux-ci se déclaraient responsables de leurs enfants « et des dégâts qu'ils pourraient occasionner. »

M. L. Raymond nous fait connaître le chiffre des appointements de ces petits mimes.

« Il y a des enfants, — écrit-il, — depuis l'âge de cinq ans jusques à huit ou neuf, qui gagnent quatre et cinq cents livres (par an) ; d'autres, depuis huit ans jusqu'à douze, gagnent six, sept et huit cents francs ; enfin, depuis douze ans jusqu'à quinze, les appointements vont depuis mille francs jusqu'à cent louis. »

On pense que, rétribués de telle façon, les parents devaient fort rechercher les places où leurs enfants pouvaient gagner davantage. Combien d'hommes, à cette époque, où la journée de l'ouvrier était cotée de trente à trente-cinq sous, eussent été heureux de redevenir enfants, pour entrer comme mimes au Théâtre des *Beaujolais*.

Dans ce livre si fourni en renseignements inconnus ou si peu connus, je recueille encore celui-ci, des plus suggestifs :

« Lorsqu'on donne une pièce nouvelle aux *Variétés* (scène devenue par la suite le *Théâtre Français*) les entrées des auteurs qui travaillent pour ce théâtre sont suspendues à la première représentation ; et cela *dans la crainte d'une cabale de leur part* ; de sorte que s'ils veulent voir la pièce, il faut qu'ils payent. C'est un parti sage. Tous les théâtres devraient imiter cet exemple, et celui des *Beaujolais* aussi bien que les autres. Quand on veut avoir le droit de critiquer, il faut l'acheter. »

Et l'on parle de la jalousie qui existe entre les acteurs !... On cite fort peu d'exemples, dans tous les cas, de comédiens allant siffler leurs collègues. Cette jalousie entre auteurs était non seulement le résultat de froissements d'amour-propre, mais aussi d'intérêts lésés. Les auteurs d'aujourd'hui y mettent plus de discrétion, de formes. Ils pensent — ou du moins certains — pensent absolument comme ceux d'autrefois. Sans être « méchants », mais simplement parce que le fait est du domaine de l'humanité en général, la chute d'une pièce d'un de leurs confrères leur est beaucoup plus agréable que l'annonce d'une réussite. Quelques-uns savent se maîtriser assez pour ne le point montrer ; d'autres, moins maîtres d'eux, ne savent dissimuler ni leur joie, ni leur profond ennui, suivant qu'il y a eu chute ou succès. C'est affaire de nervosité. Et les plus grands esprits en subissent les effets.

Théodore Barrière, que l'auteur de ce livre a beaucoup connu et qui fut incontestablement un puissant auteur dramatique, et l'un des hommes les plus spirituels de son époque, ne se tenait pas de joie quand une pièce de son rival en succès, Victorien Sardou, chancelait ; par contre, sa colère devenait grande aux premières représentations de *Nos Intimes*, des *Vieux Garçons*, de la *Famille Benoîton*, des *Bons Villageois*, et de tant d'autres.

Que de Théodores Barrières qui, plus maîtres d'eux que ce Maître oublié, malgré ses immortels *Faux Bonshommes*, se contentent de ronger en dedans, le frein que celui-là ne savait ronger en silence, « et se taisent sans murmurer », comme le vieux soldat *Stanislas*, de Scribe.

Je vais maintenant donner la liste complète et exacte des pièces qui se jouèrent sur le Théâtre des *Beaujolais*, en l'année 1788, avec la date de leur première représentation :

Janvier 1788. — Le 1er Janvier, l'on donna la 2e représentation de *Les Etrennes délicates* ou *La Vengeance généreuse d'un Prince,* fait historique en un acte, en prose.

La première représentation avait eu lieu la veille, 31 Décembre 1787.

La pièce obtint du succès.

Le 9 Janvier vit la première représentation de l'*Heureux Naufrage,* opéra-bouffon en un acte.

Cette pièce n'obtint aucun succès, aussi ne fut-elle représentée que deux fois.

Le 21 Janvier fut donnée la première représentation de *Les vrais Amis,* ou *L'Etourderie,* comédie en un acte, en prose.

Même insuccès pour *Les vrais Amis,* que pour l'*Heureux Naufrage.*

De même que la pièce précédente, elle ne fut jouée que deux fois.

Février. — Le 18 Février, première représentation de *Jeannette et Lucas,* ou *Le Secrétaire de sa prétendue,* opéra-bouffon en deux actes.

Cette fois, M. Delomel et M. Gardeur eurent lieu d'être satisfaits. Le public fit fort bon accueil à leur nouvelle production. Ce qui n'empêcha pas la vaillante petite troupe de donner encore :

Mars. — Le 1er Mars, la première représentation de *Le Tuteur avare,* opéra-bouffon en trois actes, et le 8 mars, une autre première représentation de *Le Divorce inutile,* comédie en un acte.

Le lendemain, 9 Mars, le Théâtre des *Beaujolais* affichait sa Cloture annuelle, annonçant sa réouverture pour le 1er avril.

Le compliment de clôture fut dit par le plus petit des enfants de la troupe, le jeune Lorillard.

Ce compliment avait été composé par M. Dorceval.

L'enfant s'était avancé vers le public, avait gravement salué trois fois, ainsi qu'on le lui avait indiqué et avait récité :

> Bonsoir Messieurs, Bonsoir Mesdames,
> Permettez-moi de vous offrir
> Les remercîments pleins de flammes
> De nos cœurs gonflés de plaisir.
> D'abord du plaisir de vous plaire,
> Du plaisir de vous avoir plu,
> Du plaisir de vous satisfaire
> Pendant tout un an révolu.
> Nous avons épuisé les gammes
> Des remercîments passagers,
> Bonsoir Messieurs, Bonsoir Mesdames
> Recevez nos meilleurs baisers.

Et tous les enfants, « formant le chartron » autour du petit Lorillard, sur une cadence rythmée, envoyèrent à pleines mains, de gros baisers aux spectateurs.

L'effet fut immense.

Le petit Lorillard fut contraint, par les applaudissements, de recommencer trois fois son compliment.

Ainsi se termina l'année théâtrale 1787-1788.

Cette réouverture se fit par *Le Divorce inutile*, comédie en un acte ; *Le Manteau*, opéra-bouffon en un acte ; *L'Emménagement de Thalie*, prologue d'ouverture et la *Belle Esclave*.

Avril. — Le 10 Avril vit la première représentation de l'*Antiquaire*, ou *Le Bijoutier moraliste au Palais-Royal*, pièce en un acte.

Dans cette pièce débuta un certain Sadous, chanteur de coulisse sans talent, dont la femme donnait son adresse de cette façon :

« La dame Sadous, place de l'Ecole n° 3, continue de débiter un Rouge végétal, approuvé par les gens de l'art, comme ne pouvant nuire ni à la peau, ni à la santé. Elle en a établi un dépôt, chez la Dame Aspour, rue des Saints-Pères, vis-à-vis la Charité, n° 3 : Prix, 3, 6 et 12 livres le pot. Le mari de Madame Sadous, attaché au Théâtre des *Beaujolais*, peut donner la preuve de l'innocuité de ce produit de haute valeur. »

Pour prouver que le rouge végétal que vendait Madame Sadous était inoffensif, M. Sadous n'hésitait pas, devant les douteux et les incrédules, à en graisser une croquignole et à la manger enduite du fameux coloris, après l'avoir saupoudré de quelques pincées de sucre.

Le 15 Avril eut lieu la première représentation de *Le Rosier*, opéra-bouffon en deux actes, avec un divertissement.

Note critique : « *Le Rosier* ne verra pas fleurir ses roses. »

Le 26 Avril, première représentation de *La Croisée*, opéra-bouffon en deux actes.

Cette pièce obtint peu de succès. On la risqua encore dans le spectacle du 5 Mai ; puis on la retira de l'affiche pour toujours ; on lui reprochait d'énormes longueurs.

Note critique visant à l'esprit : *La Croisée* ne s'ouvrira pas longtemps :

Mai. — Le 8 Mai, première représentation de : *Le Faux Procureur*, pièce en un acte.

Le lendemain 9 Mai, autre première représentation de *Gabrielle et Paulin*, opéra-bouffon en un acte.

Les pièces passaient sur le petit théâtre comme lettres à la poste. Aussi le travail était-il énorme, de la part de tous.

Le 19 Mai, première représentation de *Clitandre et Céphise*, opéra-bouffon en un acte.

Le 28 Mai, première représentation de *Le Triomphe de l'Amour*, ballet-pantomime et dialogué en deux actes, avec tout son spectacle.

Dans une partie perlée de ce ballet, l'un des personnages s'exprimait ainsi : « Ces nymphes sont ce que l'on peut appeler des *amatrices* de l'amour. »

Monsieur Feydel, un puriste érudit, écrivit à ce sujet : « Le mot *amatrice* est ici des plus impropres. Il ne faut pas le laisser déparer notre belle langue française. J'ai entendu, il y a trois ans, un prédicateur capucin apostropher ainsi les Dames de l'Ile Saint-Louis : Vous êtes des *amatrices* de vous-mêmes !... »

« Le Capucin se trompait. Le mot *amatrice* ne se francisera pas plus que *philosophesse* ; ou s'il y passe jamais ce sera comme expression ironique. »

Juin. — Le 6 Juin, on tente une reprise de *La Croisée* ; la pièce avait été modifiée, raccourcie et corrigée. Le public lui fit meilleur accueil. Elle devint même un succès par la suite. Savoir ne pas faire long est une des sciences du théâtre.

C'est ainsi que, beaucoup plus tard, Scribe sut d'un mélodrame en cinq actes, faire une charmante pièce en un seul acte : *La Chanoinesse.*

Le 28 Juin, première représentation de *Colas et Colette,* opéra-bouffon en un acte.

Le 23 Juin, première représentation de *La Double Méprise,* comédie en deux actes.

Je trouve une note annonçant que même à cette époque d'été, le spectacle des *Beaujolais* commençait à 5 heures et demie, « *pour permettre aux spectateurs d'aller prendre le frais du soir, vers dix heures, sous les frais ombrages du jardin du Palais-Royal.* »

Le 5 Juillet 1788, première représentation de *La Jeune Veuve curieuse,* comédie en un acte, mêlée d'ariettes.

Le 7 Juillet, première représentation de *Tarare régnant,* mélodrame en trois actes, en vers, avec ses agréments.

Voir jouer le mélodrame, par des enfants, devint une grande curiosité ; aussi la pièce fit-elle de très appréciables recettes.

Le 22 Juillet, première représentation de l'*Amour arrange tout,* comédie en un acte (reprise), par LOISEL TRÉOGATE.

Le couplet au public terminait ainsi :

« Même si notre pièce est mauvaise,
« Aimez-nous, l'amour arrange tout.

Le 26 Juillet, première représentation de *La Ressemblance supposée,* opéra-bouffon en un acte.

Le 9 Août, première représentation d'*Aline et Dupré,* ou *Le Marchand de Marrons,* comédie-parade en deux actes.

Le 13 Juillet, un orage épouvantable avait éclaté, ravageant les récoltes entre Chartres et Paris. Le lundi 11 août, les *Beaujolais* donnèrent une représentation *au profit des cultivateurs malheureux*. On joua la 20e représentation de *La Croisée*, comédie en deux actes, mêlée d'ariettes, et la 19e représentation du *Tuteur avare*, opéra-bouffon en deux actes.

Le 21 Août, première représentation du *Mariage enfantin*, ou *le Mari de quinze ans*, comédie en un acte.

Le 4 Septembre, première représentation de l'*Amour invalide*, comédie en un acte.

C'était une jeune actrice nommée Léontine Malard, qui jouait le rôle de l'amour. Elle était bien âgée de quatorze ans et la demie.

A la première représentation, sautant sur la scène, d'un bosquet de fleurs qui s'ouvrait devant elle, pour se lancer entre ses deux amoureux qui se boudaient, elle tomba si lourdement et si maladroitement, qu'elle ne put se relever et que l'on fut forcé de la transporter dans la coulisse.

Le rideau fut baissé, et le maître de ballet, M. Barré, de l'Académie Royale de Musique, vint annoncer au public que Mademoiselle Léontine Malard se trouvait dans l'impossibilité de reprendre son rôle, mais que Mademoiselle Lévesque allait la remplacer.

On demanda, de la salle, si l'indisposition présentait une certaine gravité.

M. Barré répondit : « Elle est entre les mains d'un chirurgien, qui, seul, peut apprécier le cas. »

Or, Mademoiselle Léontine Malard venait tout simplement de faire une fausse couche.

Le mardi 9 Septembre 1788, les *Beaujolais* donnaient la vingt-quatrième représentation du *Tuteur avare*, opéra-bouffon en trois actes, précédé de l'*Amour arrange tout*, comédie en un acte, au bénéfice de Mlle Léontine Malard, jeune actrice « victime d'un accident. »

Interrompons un instant le répertoire et remplaçons-le par un fait, qui trouve ici sa place.

Dans les *Archives des Communes*, n° 4688, à cette même date, je trouve cet exploit détaillé.

« A sept heures du soir, nous François, Jean, Sirebeau, etc..., ayant été requis par M. Gabriel, aide-major de la Garde de Paris, de service au spectacle de S. A. S. Monseigneur le Comte de Beaujolais, nous nous sommes transporté dans le dit spectacle, et, étant dans le bureau de la Direction, nous y avons trouvé un sieur Robert Wolf, huissier audiencier ordinaire du Roi, lequel nous a dit qu'en vertu des sentences rendues au Chatelet de Paris, les 13 Février 1787 et 5 mars dernier, et d'une ordonnance rendue en référé, par M. le Lieutenant civil, au dit Chatelet, le 25 du dit mois de Juin, aussi dernier, le tout à la requête des sieurs Bernard frères, marchands merciers, demeurant à Paris, à l'abbaye de Saint-Germain-des-Prés, lesquels font élection de domicile en la demeure du dit Wolf, contre les sieurs Delomel et Gardeur, Directeurs du dit spectacle, où nous sommes ; »

« Qu'il a, par procès-verbal du 5 de ce mois, procédé à la saisie-exécution des effets détaillés au dit procès-verbal, et établi à la dite saisie, en garnison réelle, dans les lieux où nous sommes, les personnes des sieurs Lelièvre et Boucheron, avec commission de recevoir et toucher la recette journalière du dit spectacle ainsi qu'il est ordonné par l'ordonnance susdatée ; »

« Que ce jourd'hui, sur les cinq heures de relevée, à la requête des dits sieurs Bernard, il s'est transporté au dit Spectacle, dont il s'est procuré l'entrée au moyen d'un billet qu'il a pris au bureau, pour surveiller ses gardiens, savoir s'ils exerçaient leur commission dans la recette, ou s'ils n'y étaient pas troublés ; »

« Qu'il a aperçu le dit sieur Lelièvre, seul, sur le pas de la porte du bureau, lequel lui a dit que la sentinelle n'avait pas voulu lui permettre d'entrer dans le bureau de la recette, à l'effet d'exercer sa commission. »

« A quoi le dit sieur Wolf a déclaré aux dits sieurs Delomel et Gardeur, parlant pour eux à un garçon, qu'il allait à l'instant réintégrer le dit gardien ; à l'effet de quoi, il a requis le sergent de garde, d'ordonner qu'on laissât entrer le dit gardien pour la dite recette ; »

« Que ce sergent a répondu au dit sieur Wolf qu'il ne pouvait donner cet ordre, mais qu'il allait en avertir son officier ; qu'effectivement, il a envoyé chercher cet officier, lequel étant arrivé sur les six heures du soir, et le dit sieur Wolf lui ayant expliqué le sujet de son transport, et requis même son appui à la commission du dit gardien, et lui faire donner l'entrée de la dite recette, il a répondu au dit Wolf qu'il ne pouvait rien prendre sur lui ; mais qu'il en référerait à nous, commissaire chargé de la police du dit spectacle ; et qu'il allait nous envoyer chercher ; et que, jusqu'à ce que nous fussions arrivé, il allait donner consigne à la sentinelle de ne point laisser sortir l'argent de la dite recette, à la considération de qui il appartiendrait. »

« En conséquence, le dit sieur Wolf requiert qu'à l'instant même, en notre présence, nous lui donnions tout secours et donnions les ordres

nécessaires à la garde, afin que le dit Lelièvre, son gardien, puisse tou
cher la recette du spectacle de ce jourd'hui, pour en faire le dépôt. »

> *Signatures* : François-Jean SIRBEAU, *Commissaire de Police.*
> GABRIEL, *aide-major de la Garde de Paris.*
> Robert WOLF, *huissier, pour les frères Bernard.*

Les frères Bernard étaient d'honnêtes marchands merciers,
qui depuis quatre années fournissaient le maître costumier du
Théâtre des *Beaujolais*. Ce maître costumier avait nom Lemanissier. Depuis dix-huit mois, M. Delomel, s'étant aperçu que
ce costumier quelque peu voleur vendait pour son compte
des costumes du magasin appartenant à la Direction, s'était
débarrassé de lui, l'invitant à aller se faire pendre ailleurs. Ce
qui n'avait pas empêché le sieur Lemanissier de continuer
ses nombreux achats « de mercerie et galons, ainsi que passe-
menteries d'or et d'argent » au compte de ses anciens Directeurs.

Le dit Lemanissier ayant disparu tout à coup, les frères
Bernard s'étaient adressés directement à MM. Delomel et
Gardeur, lesquels avaient répondu n'avoir aucune connaissance de cette dette de 870 livres et 12 sols, réclamée par les
deux merciers.

Ce que voyant, les sieurs Bernard avaient remis leur créance
entre les mains du sieur Robert Wolf « huissier audiencier ordinaire du Roi, en sa chancellerie du Palais, y demeurant rue de
Bussi, paroisse de Saint-Sulpice, » lequel avait obtenu le 13 Février 1787, une première ordonnance du Chatelet, rendue sur
référé, par M. le Lieutenant civil du Chatelet, une seconde le
5 mars 1788, enfin une troisième le 25 juin de la même année,
« donnant droit au sieur Wolf de saisir les recettes jusqu'à
parfait paiement de la somme réclamée par les deux frères
Bernard. »

Mais voyons la suite de cette affaire, suite retrouvée également dans les *Archives des Communes* :

« A l'instant est aussi comparu sieur François, Hyacinthe, Guislain,
Crescent de Bernaut, administrateur général, nommé par jugement du
Conseil, du Spectacle dont il s'agit, pour le compte des intéressés, qui
composent la Compagnie de la dite entreprise, demeurant, le dit sieur

de Bernaut, à Paris, rue Saint-Lazare, lequel a dit que la Compagnie n'a pas été peu surprise d'apprendre qu'il avait été procédé dans leur spectacle, à une saisie-exécution des meubles et effets et autres objets y étant, à la requête des sieurs Bernard, et ce, sur les sieurs Delomel et Gardeur, en vertu de sentences et ordonnances paraissant avoir été rendues contre eux ; seulement que, comme d'un côté les intéressés et associés, par acte du 14 octobre 1785, duement publié aux Consuls, ne doivent rien, mais encore qu'il n'existe aucun jugement ni condamnation contre eux ; »

« Ils auraient, par exploit du 10 de ce mois, fait interjeter appel de la dite saisie, comme faite *super non domino*, avec réserve de se pourvoir incessamment tant par les voies ordinaires qu'extraordinaires, attendu *l'esclandre gratuit à eux occasionné par la dite saisie* ; »

« Et, en attendant, ont déclaré par le même acte qu'ils s'opposaient formellement à ce que les dits sieurs Bernard donnassent aucune suite à leur contrainte sur l'entreprise dont il s'agit, avec protestation de nullité et de tous dépens, dommages et intérêts. »

« Que d'après cet acte, ils auraient cru que les sieurs Bernard se seraient contentés de l'esclandre public qu'ils avaient occasionné dans un établissement public, à une compagnie d'associés qui n'est ni leur débiteur, ni leur obligé, ni leur condamné ; »

« Mais, que ce jourd'hui, vers les cinq heures du soir, à l'heure de l'ouverture de leur spectacle, ils auraient été avertis qu'à la porte et principale entrée d'icelui, était le dit Wolf, qui, en continuant les contraintes vexatoires ci-devant énoncées, portait le comble à l'esclandre et à la vexation en voulant publiquement introduire des gardiens dans les bureaux de recettes du dit spectacle, et en interrompant entièrement l'exploitation ; ce qui aurait été effectué si la garde établie pour le bon ordre du spectacle n'eût interposé son autorité, jusqu'à l'arrivée de nous commissaire. »

« Déclare, le dit Bernaut, que rien n'est plus irrégulier que la contrainte des sieurs Bernard, en ce que l'on entend faire de la saisie de la recette et de l'interruption que l'on entend mettre à l'exploitation. »

« En effet, le spectacle, dont il est question, appartient à une Société d'intéressés ; qu'il n'y a de condamnations prononcées que contre les sieurs Delomel et Gardeur, *ad hoc* ; qu'il n'existe aucune condamnation contre la Société dont il s'agit ; qu'en conséquence, n'ayant donc aucun moyen d'asseoir une saisie-exécution sur la dite société, lui comparant, en sa qualité d'administrateur général, soutient qu'il ne peut être interrompu dans son administration. »

« Pourquoi il requiert qu'en notre qualité de subdélégué du magistrat, seul compétent pour juger des troubles et contestations relatifs à la dite administration, nous ordonnions, d'après ce que dessus, ce qui convient pour faire cesser le trouble et l'esclandre gratuits qu'elle éprouve en ce

moment. Ajoutant en outre la réserve expresse qu'il fait pour les dits
sieurs intéressés de tous leurs droits. »

Signé : CRESSENT DE BERNAUT.

Le sieur Wolf n'était pas huissier à se rendre devant semblable opposition. Il prétendit que cet acte de société, dont
parlait si hautement et si puissamment Cressent de Bernaut,
n'existait pas ; que sans cela, cet acte lui eût été notifié pendant ses premières opérations ; qu'il n'avait jamais eu affaire
qu'aux sieurs Delomel et Gardeur, ici présens ; qu'en conséquence, il requérait quand même « que son gardien fût mis
en possession de la recette d'aujourd'hui, qui venait d'être
apportée au bureau par la receveuse, comptée et montant à
la somme de 205 livres 10 sols, déduction faite des frais de
garde et du *quart des pauvres*. »

Ce à quoi le sieur Bernaut de Cressent répondit que l'huissier
Wolf niait à tort la connaissance de l'acte de société, puisque
cet acte avait été déposé par lui, Bernaut, sur le bureau, devant Wolf, avec liberté d'en prendre connaissance.

Enfin le commissaire Jean-François Sirebeau déclara que
« toutes choses demeurant en l'état, il renvoyait les parties se
pourvoir en l'Hôtel et par devant M. le Lieutenant civil, le
lendemain mercredi, 10 du mois, à trois heures de relevée. »

Puis il s'empara de la recette, objet du litige, la gardant en
sa possession jusqu'à ce que jugement définitif fût rendu.

Voici enfin la solution de cette grave atteinte portée à la
considération de MM. Delomel et Gardeur :

« Le vendredi 12 Septembre 1788, est comparu devant moi, Sirebeau,
le sieur Nicolas, Louis, Delafosse, caissier du spectacle de Monseigneur
le Comte de Beaujolais, demeurant rue Neuve des Petits Champs,
paroisse de Saint-Eustache. Lequel requiert que nous ayons à lui remettre la somme de 205 livres et 10 sols. »

« Signé : DELAFOSSE. »

« Sur quoi, nous Commissaire, etc., avons versé au dit Delafosse, la
dite somme. »

« Signé : SIREBEAU, DELAFOSSE. »

M. le Lieutenant civil avait reconnu que « le sieur Lemanissier s'était livré à ces achats alors qu'il n'appartenait plus à
l'administration directoriale des *Beaujolais* ; »

« Qu'en conséquence, il déboutait les sieurs Bernard de leurs prétentions sur les recettes encaissées par les sieurs Delomel et Gardeur ; »

« Laissant les sieurs Bernard libres de requérir contre le sieur Lemanissier, en quel endroit qu'il fût. »

Mais en homme prudent, le dit Lemanissier avait jugé à
propos de disparaître. On le disait passé en Angleterre. Toujours est-il qu'il ne reparut pas à Paris.

Octobre. — Le 8 Octobre, première représentation de *Le
Lord et son Jockei*, comédie en trois actes, mêlée d'ariettes,
avec ses agréments, par le sieur Lutaine, musique du sieur
Leblanc.

Ce fut une chute terrible. Les sifflets des spectateurs arrivèrent à un tel degré de violence, qu'en scène, plusieurs enfants prirent peur et se réfugièrent dans les coulisses.

M. Cressent de Bernaut se présenta de nouveau chez le
commissaire de police Jean-François Sirebeau, à fin de lui
faire connaître certains moyens illicites qu'avait employés
le dit sieur Lutaine, pour arriver à faire représenter sa
pièce.

Il s'était tout d'abord adressé à l'un des associés comman-
ditaires du dit spectacle des *Beaujolais*, le sieur Pasquise, sans
vouloir déposer le manuscrit du *Lord et son Jockei* entre les
mains de MM. Delomel et Gardeur, qui seuls avaient autorisation de présenter le dit manuscrit à la Censure royale. Sur
leurs vaines sollicitations, le sieur Lutaine avait fini par leur
répondre que l'ouvrage « était censuré et signé de M. le Lieutenant-général de Police. »

Sur ce dire, les Directeurs n'avaient plus hésité à faire les
dépenses nécessaires « dépenses très considérables » pour le
montage de la pièce.

On avait donc commencé les répétitions particulières, auxquelles assistait le sieur Lutaine. Quand arrivèrent les dernières répétitions dites générales, Lutaine ne se présenta plus
au théâtre, laissa annoncer sur les affiches la première repré-

sentation de sa pièce jusqu'au 8 Octobre ; et ce ne fut que ce même jour, à neuf heures et demie du matin, qu'il avertit la Direction « que sa pièce n'était pas censurée, comme il l'avait annoncé depuis deux mois. »

« MM. Delomel et Gardeur — dit l'acte signé Leblanc, Cressent de Bernaut et Sirebeau, retrouvé aux *Archives des Communes* — ont fait appeler le sieur Leblanc, auteur de la musique, qui a répondu que le sieur Lutaine l'avait trompé lui-même, en lui assurant et en l'exposant à assurer à la Direction que *Le Lord et son Jockei* était prêt et qu'on pouvait l'afficher ; mais que cette conduite du dit sieur Lutaine était si malhonnête, qu'il priait la Direction de lui rendre sa partition, qu'il aimait mieux sacrifier, que de la voir servir à l'ouvrage de cet auteur. »

La Direction n'accepta pas, courut chez M. le Lieutenant-général de la Police, lui exposa le cas embarrassant dans lequel elle se trouvait, parvint à l'émouvoir et le *visa* fut accordé pour représenter l'œuvre le soir même.

Quelques coupures assez importantes avaient cependant été faites par M. le Censeur royal. Il fallut passer la journée à relier les scènes, à remanier la pièce, si bien que quand elle se présenta le soir devant le public, elle fut abominablement reçue, ainsi que je l'ai écrit plus haut.

La Direction, furieuse contre le sieur Lutaine, porta plainte devant le commissaire Sirebeau.

L'acte des *Archives des Communes* se termine donc ainsi :

« Dans ces circonstances, les Directeurs désespérés de s'être exposés à mériter les justes reproches du magistrat, par leur trop grande indulgence envers le dit Lutaine, ont, malgré cela, recours à la Justice et à son autorité pour obtenir que le dit sieur Lutaine soit obligé de les dédommager des dépenses considérables qu'ils ont été forcés de faire, pour mettre sa pièce en exécution sur leur théâtre. »

Le sieur Lutaine reconnut qu'il avait eu le plus grand tort d'agir comme il avait agi, et dédommagea le plus qu'il put le Direction, laquelle l'année suivante lui fit représenter deux pièces : *L'Alchimiste* ou *la Palingénésie*, opéra-bouffon, en trois actes, en vers ; et la *Mère indécise*, comédie également en vers et en trois actes.

Le 18 Octobre, première représentation de *Le Bon Père*, opéra-bouffon en un acte, avec des divertissements.

Le 22 Octobre, première représentation de *L'Intendant supposé*, comédie en deux actes. Cette pièce obtint un véritable succès.

Novembre. — Le 12 Novembre, première représentation de *Le Mari comme il les faudrait tous*, opéra-bouffon en un acte.

Cette pièce fut représentée cinq fois de suite ; puis reprise par intermittence.

Décembre. — Le 2 Décembre, première représentation de *Le Baron de Roquentin*, pièce en deux actes.

Le 6 Décembre, les journaux annoncent la « seconde » première représentation de *Le Lord et son Jockei*, opéra-bouffon en trois actes.

Cette pièce, la même qui déjà avait été représentée le 8 octobre précédent et était tombée accablée par les sifflets, avait été remaniée par ses auteurs sur les conseils de M. Gardeur ; les situations avaient été modifiées, la distribution des rôles changée ; des airs nouveaux avaient remplacé les anciens ; à ce point que, les deux Directeurs crurent naïvement que sans changer le titre de la pièce ils pouvaient la représenter au public comme une nouveauté.

Cette seconde tentative ne fut guère plus heureuse que la première. Cependant comme MM. Delomel et Gardeur avaient fait de grands frais pour la monter, qu'en vue de cela, l'auteur M. Lutaine leur avait versé en compensation une somme importante d'argent, put-elle reparaître encore quelques fois sur l'affiche, sans pourtant faire rentrer dans la caisse des pauvres entrepreneurs tout ce qu'elle leur avait coûté.

La concurrence, dès cette époque, commençait à atteindre le *Théâtre des Beaujolais ;* car on ne comptait pas moins de quinze ou vingt théâtres, tant grands que petits, dans la ville de Paris.

Je puis citer l'*Opéra*, les *Italiens*, la *Comédie-Française*, les *Variétés*, l'*Ambigu-Comique*, *Nicolet*, les *Associés*, les *Délasse-*

ments comiques, les *Pygmées*, les *Fantoccini*, les *Ombres chinoises*, les *Beaujolais*, le *Musée des Enfants*, le *Panthéon*, le *Vaux-Hall*, etc., sans compter les nombreux théâtres de société où l'on jouait la tragédie, la comédie et même l'opéra-bouffon. Tout était au spectacle, rien qu'au spectacle.

Ruggieri, le fameux pyrotechnicien, donnait des soirées qui attiraient la foule, laquelle s'allait esbaudir aux aveuglants et merveilleux feux d'artifices du maître en l'art de diriger ces feux.

On se plaignait déjà, à cette époque, de l'exaltation trop bruyante des enthousiastes écervelés, qui applaudissaient à tort et à travers, sans se préoccuper d'interrompre une scène pathétique, ou une jolie phrase harmonique, avant qu'elle fût arrivée à son entière solution.

Un spectateur des *Beaujolais* avait écrit : « Quelle rage possèdent tous ces batteurs de mains à tout propos, à toute outrance ; ces crieurs de *bravo*, aux voix de Stentor, ou de *Castrati* ; ces trépigneurs de pieds ; ces énergumènes enfin, qui ne savent témoigner qu'ils ont du plaisir qu'en se disloquant tout le corps ? »

« Quelle fureur ont-ils d'interrompre un vers ou une tirade pour m'empêcher d'entendre le sens d'une phrase, entièrement perdu pour moi, par le fait du bruit qu'ils font avec leurs pieds, leurs mains et leurs voix. »

Pour justifier le cri réprobatif de cet amateur, ennemi des expansions bruyantes, le *Journal de Paris*, par la plume d'un anonyme, fit une proposition dont on rit beaucoup alors, mais qui, somme toute, était l'embryon de l'insupportable *claque* qui, de nos jours, énerve le spectateur, et l'empêche souvent d'applaudir, dans la crainte qui lui est venue, d'être pris pour un claqueur.

Le Journal de Paris proposa très sérieusement « de placer dans un endroit apparent de la salle, un homme avec un gros bâton, qui servirait à indiquer les endroits où l'on devrait applaudir les acteurs. »

« Pareil exemple, — disait le *Journal* — s'était produit en Angleterre et y avait été adopté. »

Une autre feuille répondit au *Journal de Paris* : « Je ne sais si la proposition est faite de bonne foi ; mais elle me paraît fort plaisante, et l'ironie la plus sanglante contre tous nos étourdis et nos énergumènes. »

Bref, la proposition — malgré l'*exemple* donné par l'Angleterre — ne fut pas prise en considération et demeura l'aimable plaisanterie d'un joyeux mystificateur ou d'un convaincu trop ardent.

Aujourd'hui, ce n'est pas un homme armé d'un bâton qui nous donne le signal des endroits à souligner, c'est cinquante braillards savamment répartis dans tous les coins de la salle, aux mêmes places tous les soirs, qui nous rompent les oreilles de leurs applaudissements frénétiques, à propos de refrains, de phrases ou de situations auxquels ils ne comprennent, le plus souvent, rien ; mais qu'ils ont ordre d'applaudir, ce dont ils sont récompensés soit par leur entrée gratuite, ou par une diminution sur le prix de la place qu'ils occupent.

L'emploi de chef de *service* — le mot « service » a remplacé celui de *claque*, — est aujourd'hui des plus lucratifs. Ces messieurs meurent tous, ou presque tous, dans la peau de millionnaires, alors que les Directeurs qu'ils ont été censément soutenir, dégringolent trop souvent de faillite en faillite, et que les acteurs qu'ils ont applaudis — s'appelassent-ils Frédérick Lemaître, Duprez, Dumaine, Bocage, Taillade, Mlle Georges, Mmes Dorval, Fargueil et Déjazet — meurent dans l'extrême misère.

Les applaudisseurs enthousiastes du Théâtre des *Beaujolais* étaient assez insupportables pour que MM. Delomel et Gardeur eussent placé à l'entrée de leur salle un écriteau portant cette inscription :

« Les exagérations en bravos étant aussi gênantes pour l'interprétation des pièces que celles des sifflets, messieurs les spectateurs sont prévenus que la garde a ordre d'expulser les manifestants intempestifs qui, par leurs applaudissements, troubleraient l'ordre dans la salle de notre spectacle. »

Cette recommandation ne servit à rien. Le public s'en gaudit. La garde voulut, pour l'exemple, faire d'abord quelques

expulsions ; mais la masse des spectateurs protesta. Des ora-
teurs s'improvisèrent, se réclamant du vers de Boileau :

C'est un droit qu'à la porte on achète en entrant.

MM. Delomel et Gardeur finirent par faire enlever leur
malencontreux écriteau et tout rentra dans l'ordre... relatif,
c'est-à-dire dans le désordre habituel.

Vers la fin de 1788, un gros événement se produisit. Les enfants furent totalement supprimés et remplacés par de véritables comédiens, qui sortirent de la coulisse pour être introduits sur la scène.

Les petites filles et les petits garçons employés par MM.
Delomel et Gardeur avaient grandi. De vieux et de jeunes
messieurs, sentant le frais gibier, étaient parvenus à s'introduire dans les coulisses. Quelques petites actrices furent
débauchées et mises à mal. Des plaintes avaient été portées,
et le Lieutenant-général de la police, M. Lenoir, avait fait man-
der les deux Directeurs, les menaçant de faire fermer leur
théâtre, si certain scandale assez récent se renouvelait.

Effrayés, les pauvres Directeurs avaient interdit l'entrée de
leurs coulisses « à toute personne étrangère au théâtre. » Mais,
chaque soir, les gardiens du petit sérail étaient débordés. Si bien
qu'un jour, sous menace, mise cette fois à exécution, de M. Lenoir, les deux entrepreneurs se virent contraints de faire afficher : « Sous peine de châtiments prévus par la loi et par ordonnance spéciale de police, l'entrée des coulisses est absolument interdite. » Puis, les petits comédiens et jeunes comédiennes furent peu à peu remerciés, indemnisés et définitivement congédiés ; on ne conserva que ceux et celles aptes à
danser, complétant le ballet dirigé par M. Barré, tandis que
les véritables acteurs et actrices prenaient possession du
répertoire courant et débutèrent — sans très grand succès —
sur la scène des *Beaujolais*.

Les petits artistes allaient-ils donc se trouver sans place ?
Non !... Le petit Théâtre dit MUSÉE DES ENFANTS
existait encore.

Situé à l'extrémité des Galeries de bois, proche les Variétés

— qui devinrent le Théâtre Français — un sieur Letellier avait ouvert cet établissement pour « servir de cours d'émulation aux enfants de l'un et de l'autre sexe. »

Le sieur Letellier se trouva très heureux de recueillir les petits comédiens, fort experts déjà, du *Théâtre des Beaujolais*.

Ce petit théâtre avait fait son ouverture le 6 octobre 1785 et donnait tous les jours, à six heures du soir, une « grande et brillante représentation qui se terminait à huit heures. » La salle était décorée avec goût et pouvait contenir 250 personnes. Il était situé au-dessus du café, où se trouve maintenant le café Corrazza. Les espérances du sieur Letellier ne se réalisèrent pas, car l'année suivante, en 1787, et non en 1788, ainsi qu'il a été écrit, le petit théâtre du *MUSÉE DES ENFANTS* ferma ses portes, malgré le renfort apporté par les petits artistes des *Beaujolais*.

Désormais, chez MM. Delomel et Gardeur, l'originalité était remplacée par la désolante banalité. Cela nuisit considérablement aux recettes. La pauvre petite aveugle Chevrier fut congédiée avec sa mère. Elle pleura beaucoup, mais elle devenait inutile.

M. Gardeur eut même ce mot cruel : notre Théâtre n'est pas l'Hospice des Quinze-Vingts.

Les Directeurs allèrent rendre visite au Lieutenant général de la police : « Vous nous ruinez, Monseigneur, lui dirent-ils ; mais nous espérons que vous nous saurez gré de notre entière soumission. »

M. Lenoir les félicita de leur respectueuse soumission et leur promit sa protection.

Le théâtricule devint alors un véritable théâtre, avec une garde fournie par l'autorité supérieure. Cette garde se composait de huit cavaliers de la milice nationale parisienne, commandés par « un bas officier ».

Parmi les nouveaux acteurs de scène et les anciens, conservés par la Direction, je vais citer ceux que le public se mit à apprécier le plus :

Ce fut d'abord M. Vénier, « très goûté pour le naturel,

l'expression, le jeu, l'habitude de la scène et la précision dans le chant. »

Après M. Vénier, arrivait M. Delbois, « fort recommandable pour la voix et surtout les rôles de gaîté. »

A la suite se faisait remarquer, M. Dumily, second comique, « incomparable dans les rôles de niais, les valets de comédie et partout où il fallait de la diction. »

M. Talon était aussi très apprécié « dans certains rôles comiques. »

Mme Fusil, — qui a laissé des Mémoires des plus intéressants, — « excellente dans le chant. »

Mme Sara, « fort recommandable dans le même genre. »

Mlle Latour, « toujours très applaudie dans l'opéra. »

Et Mlle Fournier, « de même. »

Un comique de talent, M. de Toeuvre était venu à Pâques renforcer la troupe ; mais depuis, « se voyant dépassé par ses camarades », avait demandé sa résiliation, qui lui avait été accordée.

Une certaine partie spéciale des acteurs et chanteurs de coulisse perdit également beaucoup à cette substitution subite.

Ce fut surtout la catégorie des infirmes.

Un acteur ou chanteur de coulisse pouvait être cagneux, ou boiteux, manchot ou bossu ; une chanteuse pouvait être laide, borgne, mal bâtie, géante ou naine, peu importait au public, qui ne connaissait d'eux que leurs voix.

A partir du jour où ces infortunés durent paraître sur la scène, le physique du personnage qu'ils représentaient devint naturellement exigible.

Presque tout le personnel des coulisses fut en conséquence congédié, car — sorte de petite cour des miracles — tous les disgraciés de la nature doués d'une jolie voix, ne pouvant se produire ailleurs que dans l'invisibilité, s'étaient réfugiés dans les coulisses des *Beaujolais*. Ils furent tous contraints d'en partir.

Il y eut de **profondes douleurs**, devant lesquelles demeura insensible, l'impassible Lieutenant de Police, M. Lenoir.

CHAPITRE V

1789

LES PETITS REMPLACÉS PAR LES GRANDS. — MORT DU DAU-
PHIN DE FRANCE. — ÉVÉNEMENTS POLITIQUES. — CAMILLE
DESMOULINS. — FERMETURE. — SÉPARATION DE MM. DELO-
MEL ET GARDEUR. — L'HONNÊTE DELOMEL. — DÉCADENCE.
— LA DEMOISELLE MONTANSIER.

Cette histoire du *Théâtre des Beaujolais*, faisant partie d'une
série intitulée : *Histoire de l'Histoire des grands et des petits
Théâtres de Paris pendant la Révolution, le Consulat et l'Em-
pire*, c'est au début de l'année 1789 que je vais commencer par
donner, presque au jour le jour, la vie intérieure de ce petit
théâtre si original dans sa forme, si honnête dans son genre de
travail, si utile pour les jeunes, aussi bien acteurs, qu'auteurs
et compositeurs de musique.

Pâques était l'époque des renouvellements d'acteurs dans
toutes les troupes de comédiens. Les directeurs faisaient leur
clôture, tant en province qu'à Paris, ou le dimanche de *Lœtare*,
ou celui de la *Passion*, ou celui des *Rameaux*.

« Par ordre », leurs théâtres restaient fermés toute la semaine
sainte, jusques et y compris le dimanche de Pâques ; c'était le
lundi que MM. les Directeurs reprenaient leur réouverture.

En cette année 1789, Mlle BRILLON quitta les *Beaujolais*
pour entrer aux *Variétés du Palais-Royal*, qui devinrent l'année suivante le *Théâtre Français*.

Je donne donc le répertoire courant des *Beaujolais* depuis le 1er Janvier :

1er *Janvier* 1789. — Ce soir-là, on donna la première représentation de *Les Etrennes critiques* ou *Mercure et la Frivolité du Palais-Royal*, pièce épisodique, en un acte, en prose, de M. GALIOT.

Le spectacle avait commencé par l'*Heureux Dépit*, comédie en un acte, « mêlé de chant, sous forme d'ariettes » et s'était terminé par :

Aline et Zamorin, opéra-bouffon en trois actes.

Chaque soir, le répertoire courant changeait.

Du 2 Janvier au 15, on joua, tant en nouveautés qu'en reprises :

Florette et Colin, opéra-bouffon en un acte, en prose.

Le Bon Père, opéra-bouffon en un acte.

Le Tuteur avare, opéra-bouffon en trois actes.

La Matinée du Jardin public, comédie en un acte.

Le Manteau, opéra-bouffon en un acte.

La Belle Esclave, opéra-bouffon en un acte.

Les Curieux punis, opéra-bouffon en un acte.

L'Intendant supposé, comédie en deux actes.

La Noce béarnaise, opéra-bouffon en deux actes, avec ses agréments.

« *Avec ses agréments* » signifiait avec les danses et divertissements intercalés dans les scènes de la pièce.

Alexis et Rosette, mélodrame en un acte, avec un ballet.

Annette et Bazile, mélodrame en un acte.

L'Armoire, opéra-bouffon en un acte.

La Solitude, comédie en un acte.

Le Paysan à prétentions, opéra-bouffon en un acte.

Le 15 Janvier, eut lieu la première représentation de *Le Philosophe imaginaire*, opéra-bouffon en trois actes, en prose.

Ce fut cet opéra qu'au *Théâtre de* MONSIEUR on joua quelque temps après, en italien, sous le titre de *I Filosofi imaginari*.

Le 19 Janvier, première représentation (reprise) de *Le Baron de Roquentin*, comédie en deux actes. La réussite fut cette fois douteuse.

Le 23 Janvier, première représentation de *La Fête de So-*
phie, ballet-pantomime en trois actes. Réussite parfaite.

Le 25 Janvier, on donna la reprise de *Le Fat en bonne For-*
tune, opéra-bouffon en deux actes.

Le 31 Janvier eut lieu la première représentation de *l'Amour*
Hermite, opéra en un acte, avec ses agréments.

Ce soir-là, en dansant, un jeune sauteur nommé HUGUENET,
ayant fait un faux-pas, tomba et se cassa la jambe.

On fit une annonce au public, en l'informant que l'enfant —
il avait 16 ans — était le soutien de sa famille. Immédiatement, on fit courir des plateaux dans la salle, pour y déposer
les offrandes de chacun « selon ses moyens », au bénéfice du
pauvre petit blessé. Cette collecte improvisée produisit 260
livres, qui furent remis séance tenante au jeune Huguenet,
que l'on transporta chez lui dans un carrosse, qu'une dame
de haut parage, assistant au spectacle, mit à la disposition
du petit éclopé.

Février. — Le 10 Février, première représentation de *La*
Double Récompense, comédie en un acte.

Voici la genèse de la pièce :

Félix Bouteloup, un jeune soldat, a sauvé des mains de
brigands un M. de la Richardière, riche financier ; celui-ci, pour
le récompenser, et malgré les obstacles que tente de faire
naître un vieux marquis ridicule, amoureux de la tendre Amé-
lie, lui accorde la main de la jeune personne.

Le public, ému, applaudit avec enthousiasme.

Le lendemain, 11 Février, première représentation de *l'Amant*
locataire, opéra-bouffon en deux actes.

Le 23 Février, on donna *Le Faux Somnambule*, opéra-bouffon
en deux actes.

Mars. — Le 3 Mars, reprise de *Le Lord et son Jockey*, opéra
en trois actes « avec ses agréments. »

Le 26 Mars, première représentation de *Cora, ou la Prêtresse*
du Soleil, drame en vers et en trois actes, mêlé d'ariettes,
paroles de *M. Gabiot*, musique d'*Il signor Cambini*.

Un article de la *Chronique de Paris* dit : « Belle musique ;
grande pompe ; séances fort longues et souvent ennuyeuses.

Mademoiselle FOURNIER, très jeune encore; y développe un talent naissant, qu'on doit encourager. »

« Ces sortes d'ouvrages ne sont pas du genre de ce spectacle et lui nuisent plutôt que de lui être utiles. Les décorations sont superbes et très fraîches. »

Le *Théâtre Beaujolais* fit sa clôture annuelle le 28 Mars, comme ses collègues plus grands et moindres.

Le sieur BONTHOUX DE LORGET, prestidigitateur, s'y installa pendant les Fêtes de Pâques et les deux dernières semaines du Carême, le Vendredi-Saint excepté.

Alors que l'autorité interdisait les représentations théâtrales, durant quinze jours précédant Pâques, elle autorisait les spectacles de curiosités, tels que cirques, physiciens, panoramas, etc...

Le spectacle de M. BONTHOUX DE LORGET se composait d'une « grande quantité d'automates et de beaucoup de pièces physiques et mécaniques inventées par le célèbre Professeur. »

Son affiche disait : « Dans les entr'actes, l'incomparable physicien, décoré de plusieurs ordres étrangers, décernés par les plus illustres sociétés de sciences, présentera plusieurs tours surprenants et différentes expériences de physique et de chimie expérimentales. »

« Les exercices durent deux heures et la demie. »

« Le prix des places est le même qu'au spectacle des *Beaujolais*. »

Chaque année, M. *Bonthoux de Lorget*, à la même époque, prenait ainsi possession de la salle de M. *Delomel* et y faisait de fort bonnes affaires.

Pendant ce temps, les comédiens ne restaient pas oisifs et répétaient des pièces nouvelles pour la réouverture, sans qu'ils eussent à souffrir, pécuniairement parlant, de la fermeture ; car ils continuaient d'être payés. Les Directeurs de nos jours — pas tous, heureusement — jugent que, ne gagnant pas d'argent pendant les relâches, leurs comédiens n'en doivent pas gagner non plus ; aussi ne se font-ils aucun scrupule de faire travailler ces brebis bêlantes, tout le jour et des parties de nuit, sans leur accorder aucune indemnité.

Si les malheureux, crevant la faim, osent en solliciter une, le négrier les rudoie impitoyablement; et quand arrive la fin de leur engagement, ne le renouvelle pas.

— Va crever ailleurs, chien de comédien! Ma bourse ou ta vie!

MM. Delomel et Gardeur étaient moins inhumains.

Avril 1879. — La réouverture se fit seulement le 20 Avril. Le théâtre était resté fermé vingt-deux jours. On y avait fait d'importantes réparations. Le plafond de la scène et du cadre avait dû être exhaussé; puisque des hommes remplaçaient les enfants.

Les pièces nouvelles n'étant pas suffisamment prêtes, malgré ce laps de temps relativement long, on fut contraint de rouvrir les portes par le *Philosophe imaginaire*, qui était devenu un gros succès, et la *Surprise réciproque*.

Le 28 Avril, on parvint enfin à donner la première représentation de : *Le Mari-Fille*, comédie en cinq actes, en vers, par M. GABIOT.

Cette pièce obtint un très honorable succès, dû surtout — disent les journaux du temps — au talent de Mademoiselle SARA, qui jouait le rôle du *Mari-fille*.

Le critique du *Journal des Petites Annonces* s'exprime ainsi sur cette jeune actrice, à propos de ce rôle :

« Elle a, en général, de l'aisance, des grâces et du maintien sur la scène, comme partout ailleurs. Mais on lui reproche une diction un peu monotone et un jeu qui n'est pas assez nuancé. Sa modestie et sa douceur, qui la font chérir du public depuis quatre ans, nous permettent cette réflexion. Elle a contribué pour beaucoup au succès de l'œuvre nouvelle. »

Mademoiselle Sara était une des petites filles devenue femme, conservée par MM. Delomel et Gardeur. Elle avait seize ans, était douée d'un très gracieux physique et plusieurs gentilshommes ne demandaient qu'à se « désaiguilletter » pour elle.

Juin. — Le 5 Juin, « par ordre de l'autorité », l'affiche porta RELACHE.

Le Dauphin de France, *Louis, Joseph, François, Xavier,* était mort à Meudon, dans la nuit du 3 au 4 juin.

Il avait cinq ans.

Les onze théâtres de Paris firent Relâche.

Le cœur du pauvre enfant Royal fut porté au Val de Grâce, dans la soirée du 12 juin ; et le lendemain, son corps déposé dans les caveaux de Saint-Denis.

Pendant que durèrent toutes les cérémonies funéraires, les théâtres demeurèrent clos. Cela avait donné le temps aux acteurs de répéter les pièces nouvelles.

Les *Beaujolais* rouvrirent le 14 juin par la première représentation de : *Les Deux Babillardes*, comédie en un acte, en prose, par M. Gabiot.

C'était une très pâle imitation des *Caquets*.

Juillet. — Le 6 Juillet, première représentation de : *Le Bon époux*, ou *La Petite Ecole des Maris*, comédie en trois actes, en prose.

Ce même jour, parut le premier numéro du journal *Le Bulletin de l'Assemblée nationale*, rédigé par Maret, lequel, par la suite, devint l'ami, et le confident de Napoléon, qui le fit Ministre et *Duc de Bassano*.

Maret avait vingt-six ans ; il était ardent, fougueux, et habitait plutôt Versailles que Paris. Mais il venait très souvent en la grande ville, attiré par la compagnie de la demoiselle *Adélaïde Cousin*, gentille actrice des *Beaujolais*.

Adélaïde Cousin était de Dijon, ville dans laquelle Maret était né et avait fait son droit. Venu à Paris, il avait été fort étonné de retrouver Adélaïde, qu'il avait jadis connue dans sa ville natale. Il s'éprit fortement de sa jolie compatriote devenue comédienne.

Il composa même une pièce, dans laquelle il écrivit le principal rôle pour Mademoiselle *Cousin*.

Cette pièce, intitulée : *Le Te Deum des Grâces*, devait être représentée le 13 Juillet. Les grands événements politiques ne permirent pas qu'on la jouât.

Le 12 Juillet, le Ministre Necker avait été renvoyé ; les autres Ministres s'étaient vus contraints de donner leur démission. L'agitation dans Paris était immense.

Camille Desmoulins, dans le jardin du Palais-Royal, monté

sur une chaise, avait harangué la foule qui l'entourait. Il avait dit : « C'est le tocsin d'une Saint-Barthélemy de patriotes qui sonne. Les bataillons Suisses et Allemands vont sortir de leurs camps pour nous égorger. Il ne nous reste qu'à courir aux armes et à prendre une cocarde pour nous reconnaître. Quelle couleur choisissons-nous ? Est-ce le bleu, couleur de la République américaine ? ou le vert, couleur de l'espérance ? »

— Le vert ! avait crié la foule, dont étaient Maret et Mademoiselle Adélaïde Cousin.

Camille Desmoulins avait continué : « Que tous les bons citoyens m'imitent. »

Alors, il avait attaché à son chapeau un ruban vert qu'une femme venait de lui remettre. Cette femme, qui était marchande de rubans dans la galerie même, dite Galerie Beaujolais, donna tous ses rubans verts. Quand il n'y en eut plus, on dépouilla les arbres de leurs feuilles et chacun en arbora une à son chapeau ou à son bonnet, se faisant ainsi une cocarde verte naturelle.

Maret dit à son tour : « Que toutes réjouissances s'arrêtent jusqu'à ce que le sol français soit purgé des soldats étrangers qui nous menacent. Fermons les bals, fermons les spectacles, fermons les théâtres. »

Et la foule s'était ruée sur tous les théâtres dont elle avait arraché les affiches.

Maret et Adélaïde Cousin s'étaient chargés des *Beaujolais* qui se trouvaient sous leurs mains.

« M. Necker ayant — comme je l'ai écrit — reçu l'ordre de s'éloigner de France, pendant la nuit précédente, ce départ consterna tous les esprits. Le peuple, sur les quatre heures, vint en foule à tous les spectacles, leur demander de fermer, de la part de la Nation. »

« Sur les huit heures, on cria : Aux armes !... et jusqu'au bas peuple, tout s'arma. »

(Extrait des Rapports sur l'Opéra du Sᵗ Louis, Joseph, Francœur, secrétaire de ce théâtre.)

Les boutiques d'armuriers furent pillées ; le grand combat de la masse contre la force se préparait.

Le lendemain 14 Juillet, la Bastille était prise par le peuple.

Le pauvre petit théâtre de M. *Delomel* n'avait pourtant guère besoin de ces grands événements, pour péricliter de plus en plus et de jour en jour.

Le public l'abandonnait complètement, les *Beaujolais* étant devenus un théâtre « comme les autres », depuis que les petits comédiens avaient été remplacés par des grands. Ce qui avait amusé le public de MM. Delomel et Gardeur, c'était de voir un rôle de *Père noble* rempli par un bambin de douze ans, et une *Mme Pernelle* jouée par une gamine de dix. Cette originalité avait disparu, la foule s'était désintéressée et les événements de la rue n'étaient pas faits pour la ramener.

M. *Gardeur*, l'associé de M. *Delomel*, las d'apporter de l'argent, se retira. C'était le bailleur de fonds, donc l'homme le plus important dans l'entreprise.

Ce ne fut pas pour ranimer le courage et amener la confiance parmi les comédiens.

Dans le monde des théâtres on est bavard. Le tempérament loquace des acteurs fait qu'ils sont enclins à reporter volontiers au dehors, avec une exagération dont ils ne se rendent pas compte, ce qui devrait demeurer au dedans.

M. *Delomel*, resté seul à la tête de l'exploitation, avait réuni ses pensionnaires dans le foyer de son théâtre et leur avait dit : « Mes chers camarades, M. Gagneur, las de lutter contre la malechance qui depuis quelque temps nous poursuit, se retire de l'association qui le liait à moi. Il en a le droit, je ne lui en veux pas. Je vous dois un mois d'appointements ; je vous demande de vouloir bien m'en faire momentanément l'abandon ; m'engageant à vous rembourser ma dette, par quart, à partir du mois de Novembre prochain, c'est-à-dire à l'époque où les recettes ont des chances de devenir meilleures. »

Tous, avec l'enthousiasme des gens de théâtre, qui étaient à cette époque ce qu'ils sont encore aujourd'hui, avaient consenti, sachant que M. Delomel était un très honnête homme et un lutteur courageux. Il leur avait encore demandé de vouloir bien garder le secret sur cet arriéré, dont il leur était redevable, comptant trouver un nouveau bailleur de fonds, qui lui permettrait de continuer honorablement l'exploitation de son infortuné théâtre, trop discrédité déjà.

Demander à des comédiens de garder un secret, c'est demander au Tonneau des Enfers de retenir l'eau du Tartare, que les filles de Danaüs tentent encore vainement de remplir.

Les comédiens bavardèrent ; mais dans la très excellente et très louable intention de prouver l'honnêteté de M. Delomel ; honnêteté qu'ils étaient heureux de proclamer à très haute, très nette et très intelligible voix.

La preuve en était « qu'eux, créanciers, — disaient-ils — n'hésitaient pas à lui faire momentanément l'abandon de leur créance, » tant ils avaient confiance en lui, comme administrateur et comme directeur intègre.

Tout cela était dit et répété dans les estaminets de théâtre. D'autres comédiens reportaient ces nouvelles au loin ; si bien que dans tous les foyers il n'était plus question que de la débâcle prochaine des *Beaujolais*.

Le pauvre *Delomel* voyait s'enfuir devant lui les gens auxquels il s'adressait pour leur emprunter de l'argent.

Cependant il finit par trouver. Le prestidigitateur mécanicien physicien, M. *Bonthoux de Lorget*, qui, depuis plusieurs années, louait le théâtre pendant la quinzaine de Pâques pour y représenter ses tours de physique amusante, lui avança quatre mille livres, remboursables à raison de soixante-quinze livres par soirée, et cela pendant deux cents soirées consécutives.

L'intérêt de ces quatre mille livres était colossal ; mais *Delomel* accepta quand même ; il fallait qu'à tout prix, il réussisse. Et le *Théâtre Beaujolais* put rouvrir ses portes.

Août. — Le 3 Août, on parvint à donner la première représentation de : *Le Parrain et la Marraine de Village*, comédie en un acte. Chute retentissante.

Le 8 Août, autre représentation de : *Les Déguisements heureux*, opéra-bouffon en trois actes. Demi-succès.

Le 18 Août, première représentation de *La Politique à la*

Halle, opéra-comique en vaudevilles, en un acte, précédé d'un Prologue.

A la représentation du 20 Août, les « Forts et Dames de la Halle » se rendirent en corps, au *Théâtre des Beaujolais* et protestèrent bruyamment contre les critiques, bien douces cependant, qui amusaient beaucoup l'auditoire aux dépens de « ces irascibles messieurs et de ces trop susceptibles dames. »

Tous et toutes ne cessèrent de crier : *C'est pas vrai !... Taisez-vous, gueulards !... Les gens de la Halle sont d'honnêtes gens !... Tous bien éduqués !... A bas les acteurs !... Vive le Roi, qui saura bien arrêter la pièce !... En cave le Directeur !...*

La garde s'empara de l'un des forts, nommé *Giraud*, « d'une très puissante structure », lequel menaçait de tout casser dans « la baraque. »

Ces renseignements nous sont fournis par le rapport de police que fit le sieur Mathieu Vanglenne, commissaire du quartier. (*Archives Nationales*).

Ses camarades voulurent s'opposer à l'arrestation. Il y eut lutte !... le sang allait couler, quand les Dames de la Halle se mirent à s'emparer des gardes, à les embrasser, à les caresser ; et comme « certaines étaient jeunes et gentilles », Messieurs de la Garde se laissèrent attendrir. « Sur quoi le sieur Mathieu Vanglenne, commissaire, ayant été requis par le sieur Delomel, Directeur des *Beaujolais*, s'amena au théâtre et prétendit maintenir l'arrestation de l'inculpé Giraud. »

Alors, les acteurs et actrices du Théâtre ayant sauté en bas de la scène et enjambé l'orchestre, pour arriver dans le parterre où la scène se passait, entourèrent à leur tour M. le Commissaire, et levant les bras en l'air, se mirent à genoux et lui chantèrent en chœur un ensemble de la pièce que l'on jouait : *Le Parrain et la Marraine de Village*, dont les paroles étaient :

> Grâce !...
> Faites-lui grâce !...
> Le village assemblé vous le demande en masse.
> Tout le monde sera content
> Si vous vous montrez indulgent !

> Elargissez pour lui les mailles de la nasse,
> Faites-lui grâce !
> Grâce !...

Bref, M. le commissaire finit par rire, consentit à ce qu'on relâchât le fort *Giraud* et la représentation s'acheva sans encombre.

Mais, le surlendemain, la pièce de : *La Politique à la Halle* ne fut pas jouée, « par ordre de l'autorité supérieure. »

Quelques coupures ayant été opérées, quelques mots retranchés, quelques scènes remaniées, le sieur Delomel obtint cependant qu'elle pût reparaître sur l'affiche ; ce qui, pendant quelques jours, attira encore la masse au pauvre petit théâtre bien atteint dans sa vitalité artistique.

Hélas ! Cent fois hélas !... Ce ne fut que l'espace d'un éclair. Le coup de tonnerre, comme tout honnête coup de tonnerre, alla s'amoindrissant, pour s'éteindre tout à coup ; faisant plus grand encore le silence de mort, dont s'enveloppaient peu à peu les pauvres *Beaujolais*.

Les comédiens ne possédaient plus l'ardeur des combattants ardents à la lutte, et se laissaient gagner par le découragement et la torpeur, qui, nécessairement, l'accompagnent.

Bientôt on ne répéta plus et l'on ne donna plus de nouveautés que de loin en très loin.

Septembre. — Le mercredi 23 Septembre, il se passa un petit drame intime au *Théâtre des Beaujolais*.

Un chanteur, nommé *Blainville*, avait sa fille parmi les petites danseuses du théâtre. Or, ce jour-là, la jeune *Blainville* se prit de bec avec la petite *Laurence Dottel*, âgée de quatorze ans, également danseuse aux mêmes *Beaujolais*.

Blainville prit naturellement parti pour sa fille, et donna plusieurs soufflets à la petite *Dottel* ; puis, lui administra quelques tapes sur le derrière, « par dessus son caleçon. » L'enfant, exaspérée, se mit à pousser des cris terribles. Ce qui fit accourir sa mère qui, dès le lendemain, porta plainte par devant le commissaire du quartier, ce qui est certifié par le présent procès-verbal, inscrit sous le numéro 567, aux « *Archives des Communes*. »

« L'an 1789, le jeudi, 24 Septembre, au matin, en l'hôtel et par devant nous *Adrien, Louis, Carré*, etc., est comparue *Marie, Jeanne Lamayrie*, veuve de *Thomas, Ignace Dottel*, maître cordonnier à Paris, y demeurante, rue Saint-Honoré, maison du Sr Parisot, perruquier, paroisse Saint-Roch : laquelle nous a rendu plainte contre un particulier, connu au *Théâtre des Beaujolais* sous le nom de *Blainville*, chanteur dans les coulisses, de ce qu'hier matin, vers midi, tandis qu'on faisait répétition, le dit *Blainville*, de propos délibéré et en fureur, vint trouver la fille de la comparante, nommée *Laurence Dottel*, âgée de quatorze ans, pour la maltraiter ; qu'il l'a suivie jusque dans une loge, où il l'a renversée, la tenant les pieds en l'air en la frappant sur le corps et le derrière, avec brutalité, et lui cognant la tête, au point qu'elle n'a pu rester et qu'elle a été obligée de se retirer et se coucher ; qu'en ce moment elle est dans son lit, souffrante de tout le corps et de la tête, des coups qu'elle a reçus ; qu'elle a eu deux boucles d'oreilles d'or brisées, des traitements du dit *Blainville* ; que cette conduite du dit *Blainville* à son égard, qu'elle ne sait à quoi attribuer, l'empêche de pouvoir remplir ses devoirs de danseuse au spectacle des dits *Beaujolais* et comme elle a intérêt d'avoir raison de l'injure et des mauvais traitements du dit *Blainville*, la comparante s'est déterminée à se retirer par devers nous, pour nous rendre plainte. »

(*Déposition signée* : LAMAYRIE).

Les témoins de cette scène, qui furent appelés à en déposer, se nommaient :

1º *Louise Richer*, âgée de quatorze ans et demi, attachée au *Théâtre des Variétés*, comme danseuse, demeurant rue Traversière-Saint-Honoré, au petit *hôtel de la Barre* ;

2º *Jean, Baptiste, Garrochot*, âgé de treize ans et demi, danseur au *Spectacle des Beaujolais*, demeurant rue des Prouvaires ;

3º *Louis, François, Boisgirard*, âgé de seize ans et demi, attaché au *Spectacle des Beaujolais*, demeurant rue de Provence ;

4º *Marie, Elisabeth, Guillain*, âgée de treize ans, danseuse au *Théâtre des Beaujolais*, demeurant enclos du Temple, chez son père, bijoutier ;

5° *Jacques Tabraize*, âgé de dix-sept ans, danseur au *Spectacle des Beaujolais*, demeurant chez sa mère, rue du Bouloi ;

6° *Sophie Tabraize*, âgée de douze ans, danseuse au *Théâtre des Beaujolais*.

Tous affirmèrent avoir vu le dit *Blainville* retrousser les jupes de *Laurence Dottel* et l'avoir fessée à plusieurs reprises ; mais « sans avoir retiré son caleçon de danse. »

La fille *Blainville*, interrogée, répondit que *Laurence Dottel* l'avait traitée de « putassière » et « traînée de boulevard » ; que là-dessus elle l'avait appelée « fille de putain » et qu'aussitôt la dite *Laurence Dottel* l'avait prise aux cheveux et lui avait égratigné la figure ; qu'à ses cris, son père, le Sr Blainville était accouru et que c'était pour faire lâcher prise à *Laurence Dottel* qu'il l'avait fouettée devant tout le monde, et non pas dans une loge, comme l'affirme mensongèrement la femme *Jeanne Lamayrie*.

Sur quoi le sieur *Blainville*, « maître de musique et chanteur au *Théâtre des Beaujolais*, » a été condamné à payer à la dite *Laurence Dottel*, « 18 livres d'indemnité, étant donnée l'exagération de la plainte portée par la mère. »

Le langage de ces petites filles était, — on le voit par ces faits — des plus vulgaires et des plus libres.

Pouvait-il en être autrement dans le milieu où elles vivaient, milieu corrompu et abject, qui avait motivé plusieurs fois les menaces d'une autorité, pas assez vigilante et trop portée à la miséricorde.

Octobre. — Le 3 Octobre, on parvint à donner une première représentation de : *La Soubrette rusée*, comédie en un acte, mêlée d'ariettes.

Cette pièce attira un peu de monde.

Le 30 Octobre, première représentation de : *La mère rivale de sa fille*, comédie en trois actes.

On ne vint pas voir la Fille plus que la Mère.

Novembre. — Le 5 Novembre, première représentation de : *Grégoire et ses filles*, opéra-bouffon en trois actes.

Cette pièce fit quelque argent, et le sieur *Delomel* prouva alors à ses comédiens que la confiance dont ils l'avaient honoré était bien fondée ; car, malgré les désastreuses recettes dont, pendant trois mois, il venait d'être la victime, il remboursa, suivant promesse faite, tout son personnel, du premier quart de la dette qu'il avait contractée envers lui.

Cette « noble conduite » fit grand bruit dans les milieux théâtraux et l'on n'appela plus M. Delomel que « l'honnête Delomel ».

Décembre. — *Le* 12 *Décembre*, première représentation de : *La Veuve espagnole*, comédie en un acte, en vers, par M. Guillemain, très bonne pièce, fort bien jouée par M. *Talon jeune* et Mademoiselle *Cousin*.

Le 22 Décembre, première représentation de : *Le Menuisier de Bagdad*, comédie en un acte, mêlée de vaudeville, par M. C. J. Guillemain.

Le lendemain, 23 Décembre, première représentation de : *Le Directeur dans l'embarras*, opéra-bouffon en deux actes, musique del *signor Cimarosa*.

Ce titre de *Directeur dans l'embarras* sur l'affiche des *Beaujolais*, fit beaucoup rire le tout-théâtre d'alors.

On se demandait pourquoi le Sr *Delomel* n'en avait pas demandé le changement à son auteur.

On ignorait que, tout au contraire, c'était lui-même, *Delomel*, qui avait choisi la pièce à cause de son titre, si bien approprié à son cas.

Et, en effet, l'on vint la voir par curiosité.

La chance semblait vouloir revenir au petit théâtre. Aussi les acteurs de M. *Delomel* commencèrent-ils à redoubler leurs efforts pour arriver à tirer d'embarras « l'honnête Delomel. » Malheureusement, de nouveaux événements survinrent, qui précipitèrent la chute de cette vaillante petite troupe, si pleine de courage, de talent et de bonne volonté.

La Demoiselle *Montansier*, directrice du Théâtre de Versailles, était rentrée à Paris, à la suite de la Reine, revenue aux Tuileries le 6 Octobre, en même temps que le Roi et toute la Cour.

La Demoiselle *Montansier* n'avait plus de raisons pour tenir ouvert son théâtre de Versailles, la Cour n'étant plus en cette ville, et son théâtre se trouvant, de ce fait, en partie déserté. Aussi cherchait-elle activement à Paris une salle où elle pût faire débuter sa troupe de très heureuse et très belle composition.

Il ne lui fut pas difficile de connaître la situation désespérée dans laquelle se trouvait « l'honnête Delomel ! » Qui ne la connaissait, d'ailleurs ?... Depuis quelque temps, déjà, on se demandait comment il se pouvait faire que les pauvres *Beaujolais* fussent encore ouverts.

La Demoiselle *Montansier* fit agir la Reine auprès de l'Intendant de Son Altesse Monseigneur le Comte de Beaujolais, auquel elle donna un très important pot-de-vin, remboursa les loyers non payés par l'infortuné Directeur, et obtint le renouvellement du bail à son profit, pour les premiers jours de l'année 1790.

C'est ainsi que se termina pour la pauvre troupe de comédiens de « l'honnête Delomel », la fatale, mais si grande année 1789.

CHAPITRE VI

1790

A LA RECHERCHE D'UNE NOUVELLE SALLE. — PERSÉCUTIONS DE LA MONTANSIER. — LE THÉATRE MAREUX. — LE THÉA-TRE DES ÉLÈVES DE L'OPÉRA ET DES FEUX PHYSIQUES. — DÉGRINGOLADE.

Le brave Delomel, que rien n'abattait, se mit en quête de trouver une autre salle de spectacle. Ses comédiens lui restaient dévoués. Ses créanciers, indignés du procédé dont avait usé la Demoiselle Montansier, qui n'avait reculé devant aucun méchant moyen pour expulser et déposséder Delomel et ses acteurs, s'étaient groupés pour le soutenir ; il continua donc de jouer en son Théâtre du Palais-Royal jusqu'à ce que congé lui fût duement signifié au nom et de par la loi ; cependant, le 1er janvier 1790, il put donner encore la première représentation de : *Les Etrennes du Moment*, intermède en un acte, mêlé de vaudevilles.

Ces *Etrennes du Moment* étaient loin d'être gaies.

On y chantait entre autres couplets :

> Souvenirs des temps passés
> Qui donnèrent la victoire
> Vous êtes finis. Fuyez
> Dans l'intérêt de l'Histoire.
> Rien ne laisse ici-bas de trace,
> Les contents font les mécontents,
> Du grand, du bon, on se lasse.
> Tout ça passe (*ter*) en même temps.

On vint voir cette revue-intermède. On y pleura presque au lieu d'y rire. Les acteurs des *Beaujolais* la jouaient avec la conviction du désespoir. Cela redonna quelques forces à la vaillante petite phalange ; et avant d'abandonner complètement sa salle du Palais-Royal, M. Delomel tint à prouver au public que la troupe des *Beaujolais* était loin de vouloir rendre en ce bas monde, âme et vie.

Il fit composer de grandes affiches que ses comédiens allèrent eux-mêmes coller dans les principaux carrefours de Paris. Ces affiches comportaient le tableau de troupe pour l'année nouvelle.

Au bas du tableau de troupe, il y avait cette note :

« Devant les persécutions injustifiables dont est victime l'entrepreneur du *Théâtre des Beaujolais*, celui-ci prévient le public que rien n'abattra son courage, pas plus que celui de ses acteurs. Au contraire, ils redoubleront d'activité et de talent pour mériter encore les faveurs dont les Parisiens les ont toujours comblés et dont ils espèrent être honorés encore. »

« Les spectacles des *Beaujolais* continueront donc à être joués sur la scène qu'ils occupent à l'angle septentrional de la galerie Beaujolais, au Palais-Royal. »

Cette annonce, signée : *De Lomel*, en deux mots, était précédée du Tableau de troupe suivant :

TABLEAU DE TROUPE DES « BEAUJOLAIS » POUR 1790

Directeur
M. DE LOMEL.

Régisseur
M. DELBOY.

ACTEURS	ACTRICES
MM. *Vénier.*	Mmes *Sara.*
Dumily.	*Latour.*
Labitt.	*Fournier.*
Dubois.	*Bonardot.*
Monrose.	*Fusil.*
Latour.	*Adélaïde Cousin.*
Berville.	*Richard.*
Boitte	*Alphonsine.*

MM. *Mériel.*	Mmes *Bayer.*
Dufossé.	*Guillain.*
Loriant.	*Cornu.*
Henry.	*Bellet.*
Talon cadet.	*Simonet.*
Hugot,	*Monrose.*
Maurel.	*Joinville cadette.*
Durancy.	*Honorine.*
Gobelot.	*Hélène.*
Dumoulin.	*Victoire.*
Masclet, copiste de musique.	*Mulot.*
Cliksus.	*Racine.*
Beaujeu.	

MAITRE DE MUSIQUE
M. LE ROI, sujet précieux.

DIRECTEUR DE L'ORCHESTRE
Il signor CAMBINI.

SOUFFLEUR
M. *Richard.*

On le voit, M. *De Lomel,* bravant les haines qui commençaient à s'accumuler contre tout ce qui était de la Cour, s'était très vaillamment annobli. Il signait désormais *de Lomel.*

Janvier 1790. — Le 6 *Janvier,* M. « de Lomel », à court de pièces nouvelles, fit une reprise ; il donna *La Fête de l'Arquebuse,* comédie en deux actes, mêlée de chant et de danses.

Enfin, le 18 *Janvier,* le Théâtre des Petits Comédiens de S. A. S. Monseigneur le comte de Beaujolais afficha : Relache, et fit suivre le mot sinistre de cette note :

AU PUBLIC

« Les entrepreneurs de ce spectacle, forcés de l'interrompre par des circonstances particulières, auront l'honneur de prévenir le public du jour où leur théâtre sera rouvert dans un autre lieu. »

M. de Lomel, expulsé régulièrement de par la Loi, et au nom

de la demoiselle Montansier, devenue possesseur du bail et directrice de la salle, qui devait bientôt orgueilleusement rouvrir ses portes, sous le titre fort prétentieux de *Théâtre Montansier*, cherchait partout une salle où porter ses décors, ses comédiens et ses pièces.

De même qu'Enée, après la prise de Troie, s'enfuyait emportant son père Anchise pour le mettre à l'abri du désastre, sur un des vaisseaux de sa flotte, de même de Lomel portait sur son dos courbé, le poids de tout son personnel, et cherchait vainement un vaisseau terrien pour y déposer ce personnel de soixante-dix engagés, tant acteurs que musiciens, machinistes, etc., etc.

Poussant l'imitation du prince Troyen jusqu'à l'exagération, M. de Lomel, dans la débâcle, égara sa femme ; de même qu'Enée, dans sa fuite, avait perdu son épouse Créuse.

Seulement, Enée ne retrouva jamais sa compagne chérie, tandis que M. de Lomel retrouva la sienne, six mois après, dans les bras d'un certain Arnould-Mussot, acteur forain, auteur dramatique et directeur associé d'Audinot, au Théâtre de l'*Ambigu-Comique*. Il ne la réclama pas.

De Lomel s'en fut trouver le sieur Mareux, propriétaire d'un théâtre d'amateurs situé rue Saint-Antoine, n° 46, et lui proposa de louer sa salle pour y transporter sa troupe de comédiens.

Les offres de M. de Lomel étaient si alléchantes, tant était grand le désir et le besoin du pauvre honnête homme de rouvrir ses fameux *Beaujolais*, sa création, son orgueil, que le sieur Mareux accepta tout d'abord.

Une première somme de cinq mille livres devait être versée le 4 février, par de Lomel, entre les mains du dit Mareux. De Lomel était parvenu à trouver un nouveau bailleur de fonds, un certain Chapotel, maître tailleur, établi rue Saint-Honoré, grand amateur de théâtre, fréquentant tous les soirs les *Beaujolais*, habillant ses acteurs qui l'avaient toujours payé, et aimant fort « l'honnête de Lomel ». Ce Chapotel devait lui fournir 15.000 livres en l'espace de deux mois ; aussi, l'heureux de Lomel fit-il paraître dans les journaux du 3 février la note que voici : « *L'ouverture du* THÉATRE DE S. A. S. MONSEIGNEUR LE COMTE DE BEAUJOLAIS, *se fera incessamment rue Saint-Antoine, n° 46.* »

Mais M. Chapotel, circonvenu par sa femme — prétendit-on — se déroba au dernier moment, si bien que le 4 février, la somme de 5.000 livres ne put être versée entre les mains du propriétaire Mareux ; lequel, dans la crainte que sa salle de spectacle demeurât inoccupée, s'empressa de faire paraître à son tour dans les mêmes feuilles, qui avaient inséré l'annonce anticipée de l'ouverture des *Beaujolais* :

« Je, soussigné, principal locataire de la salle de spectacle, n° 46, rue Saint-Antoine, déclare n'avoir fait aucun traité pour la location de cette salle, avec les intéressés, ou directeurs du spectacle des *Beaujolais*. »

« A Paris, le 5 février 1790. »

Signé : MAREUX l'aîné. »

Voilà donc la pauvre troupe plus que jamais sur le pavé ; mais plus que jamais confiante, également, en l'habileté reconnue de son infortuné directeur, et se gardant bien de se désagréger.

De temps en temps, pour ne pas complètement mourir de faim, les pauvres acteurs allaient jouer en banlieue, à Nanterre, à Saint-Denis, à Corbeil, à Palaiseau. Un jour qu'ils étaient allés jusqu'à Pontoise, ils ne firent pas leurs frais. Leurs malles furent retenues comme garantie de la location par le propriétaire de la salle de danse dans laquelle ils avaient installé leurs tréteaux, et les pauvres diables, enfants comme grandes personnes, se virent contraints de revenir à pied, sans manger ni boire, jusqu'à leurs domiciles parisiens.

L'odyssée en a été contée plus tard, même écrite par l'acteur Vénier, qui avait conçu l'idée fâcheuse de cette déplorable excursion.

Enfin, à force de pérégrinations, et par la raison que tout arrive, même ce qu'on désire, « l'honnête de Lomel » finit par se rendre acquéreur d'un théâtre sur le boulevard Ménilmontant, juste en face la rue Charlot. Par la suite, le boulevard Ménil-Montant devint le commencement de notre boulevard du Temple actuel.

Ce nouveau théâtre de M. de Lomel dont la salle était fort jolie et la scène assez vaste, avait été bâti pour *Les Elèves de la Danse de l'Opéra*.

Son éloignement, relatif, des autres salles du boulevard du Temple, faisait qu'il n'avait jamais beaucoup réussi. Rouvert sous le titre des *Feux Physiques*, il s'était bientôt vu dans la nécessité de fermer ses portes.

Ce théâtre des *Elèves de la Danse de l'Opéra* avait cependant très brillamment débuté. Ses deux administrateurs les Sieurs Parisot et Texier avaient inauguré leur ouverture par un coup de maître, en « opérant des merveilles, au moyen de la fameuse baguette d'*Armide* », tenue par la célèbre danseuse Mlle Dauthier, du *Théâtre-Français*, devenue la maîtresse du grand maître de ballet Deshais.

Armide avait été un grand succès. Tellement grand, qu'il avait écrasé les autres spectacles arrivant à sa suite.

Contrainte de se retirer par manquement de recettes, la Troupe des *Elèves de la Danse de l'Opéra* ferma ses portes au bout de quelque temps ; ses administrateurs y avaient pourtant monté des spectacles de toute beauté, qui n'étaient pas parvenus à attirer le public routinier, dont les habitudes prises ne pouvaient lui faire franchir trois cents pas de plus, qui le séparaient de son unique objectif, le boulevard du Temple, proprement dit.

Les portes s'étaient encore rouvertes un instant, avec un théâtre d'optique et d'ombres chinoises tenu par les sieurs Provost et Bertaud, offrant d'ordinaire leur spectacle aux foires Saint-Laurent, Saint-Germain, Saint-Ovide, et même à celle des Loges.

— Mais, écrit un journaliste de l'époque, « je passe sur cet optique, parce que j'en ai vu de semblables au Pont-Neuf ; et sur les ombres chinoises de Bertaux, parce que j'ai vu celles du Mirmidon Moreau et de l'Esope Séraphin au Palais-Royal. »

Ces portes entrebâillées s'étaient donc bien vite refermées

sur les imprudents exploiteurs, dont l'audace avait infructueusement tenté leur ouverture.

Février. — Ce fut, cependant, cette mauvaise salle de spectacle qu'entreprit de désenguignoner le pauvre de Lomel, trop confiant dans la haute réputation de son enseigne qu'il croyait prestigieuse : *Théâtre des Beaujolais !* et sur le mérite qu'il exagérait de ses acteurs.

Le 22 Février eut lieu l'ouverture solennelle, par *Une Ruse d'amour*, comédie en un acte, en prose, mêlée d'ariettes ;

Le Menuisier de Bagdad, comédie en un acte et vaudevilles, de M. Guillemin, très agréable pièce, dans laquelle « la gaîté, le naturel et l'esprit se disputaient le pas » ; et

3° *Les Déguisements*, opéra-bouffon en trois actes.

Avant le lever du rideau, *M. Vénier*, le principal acteur de la troupe, était venu débiter au public le compliment suivant :

> Au public de Paris, en masse,
> Le spectacle des Beaujolais,
> Dont nul théâtre ne surpasse
> Les grands et glorieux succès,
> Vient offrir sa modeste troupe
> Et ses pièces, dont Apollon,
> Joint à ses neuf Muses en groupe,
> Ont tracé le brillant sillon,
> Au travers du temple de Gloire,
> Où croissent dans l'air théâtral
> Les lauriers qui de la victoire,
> Sont le diadème idéal.
> Le Directeur, qu'on dit « l'honnête »,
> Qui de ce titre se sent fort,
> Offre à vos yeux fête sur fête,
> Pour mieux vous éblouir encor.
> Il sait le goût et la finesse
> Des spectateurs du boulevard
> Et leur présente, plein d'ivresse,
> Ses représentants d'un grand art.
> Donc, Parisiens et Parisiennes,
> Pour venir à lui, tous debout !...
> Chez nous, point d'intrigues obscènes,
> Point de pièces de mauvais goût.
> Des scènes pleines de comiques,

Avec de joyeux calembourgs ;
Des idylles, des bucoliques,
Avec des jeux et ris d amours !
Car les oreilles les plus chastes
Et les yeux les plus innocents
Peuvent assister à nos fastes
Et nos travaux réconfortants.

Cet avant-propos disposa assez bien le public. On applaudit. M. Vénier revint en scène, salua, et comme il eût fait pour une pièce d'importance, il dit :

— L'auteur de cette pièce de vers est Mme Vénier, ma femme.

Les frères de Mme Vénier, qui étaient au parterre, crièrent tant et tant : Bravo !... Bravissimo !... que Mme Vénier, qui, « *par hasard,* » se trouvait dans la coulisse, fut contrainte de venir saluer le public, lequel n'était nullement en délire, sauf les deux frères de Mme Vénier, que l'on menaça d'expulser, s'ils ne cessaient de crier *bis*, avec tant de puissance et d'exhubérance.

Il s'agissait, pour M. de Lomel, de parvenir à attirer à son spectacle un public trop habitué aux mélodrames à noires actions, aux vaudevilles dont la grivoiserie confinait à la grossièreté, et aux pantomimes à grand spectacle, qui se jouaient journellement sur les autres théâtres du boulevard.

Les *Beaujolais*, avec leurs petites pièces en un ou deux actes, plus rarement en trois, réussiraient-ils à capter l'attention de la foule indifférente ?

Les épices légères, dont les pièces du répertoire de M. de Lomel étaient assaisonnées, seraient-elles du goût d'un public au palais blasé par les sauces grossières, si fortement pimentées, salées et moutardées, des pièces représentées chez Audinot, Nicolet et les Associés ?

Faudrait-il que ces comédiens légers, d'un genre plaisant, presque délicat, à côté des insalubrités ordurières qui se débitaient chaque jour sur les scènes voisines, changeassent leurs façons de dire et de jouer ?

That is the question ! eût dit M. de Lomel, s'il eût jamais entendu parler de Shakespeare ; mais l'immortel et génial poëte anglais n'était alors connu qu'à travers les lueurs crépusculaires de quelques informes traductions ; et M. de Lomel ignorait absolument qu'il eût existé de l'autre côté du détroit un comédien audacieux, auteur de génie, qui triomphait sous le nom du grand Will.

Le travail fut repris cependant plus désespérément que jamais, par les petits et grands comédiens de S. A. S. Monseigneur le comte de Beaujolais, et les nouveautés s'entassèrent encore sur les nouveautés.

Mars 1790. — Le 1er *Mars*, les Beaujolais donnèrent la première représentation de *Griffonnet*, comédie en prose et en deux actes, mêlée de vaudevilles, par M. *Imbert*.

Dans cette pièce, l'auteur critiquait très finement et de plume fort alerte, la nuée d'écrivains et de folliculaires, éclose depuis la Révolution. La *Presse* d'alors, pour ce fait, fit un fort mauvais accueil à cette œuvre; mais, nous qui l'avons entre les mains, nous pouvons affirmer qu'elle n'était dépourvue ni de bon sens, ni d'une certaine littérature.

On y chantait ce couplet sur l'air : *Nous nous marierons dimanche* :

> Comment d'un grand sot
> Faire un Diderot,
> C'est une chose facile :
> A l'oie vous prenez
> Une plume assez
> Taillée pour être imbécile.
> Vous trempez la plume dans la
> Sottise,
> Vous écrivez sous la loi d' la
> Bêtise.
> Alors on se dit
> Qu'il a donc d'esprit
> Malgré sa gross' balourdise !

Ce couplet n'est pas un des meilleurs de la pièce, mais je le donne comme note du genre d'esprit qui l'avait inspiré à son auteur.

Le même jour, on donna encore *La Solitude*, comédie sentimentale en un acte, et *Le Philosophe imaginaire*, opéra-bouffon en trois actes.

Le public ne vint pas beaucoup à cette représentation ; pas plus qu'aux suivantes.

Le 6 *Mars*, ce fut le tour des *Deux Jumelles*, de voir pour la première fois le jour douteux des quinquets fumeux de la rampe.

Ces *Deux Jumelles* étaient un ballet-pantomime en trois actes, composé sur le *Due Gemelle*, opéra italien del signor *Guglielmi*.

Le 14 *Mars*, première représentation de la reprise de *La Politique à la Halle*, de M. *Guillemain*.

La pièce expurgée, châtrée de quelques situations mal accueillies au Palais-Royal, lors de sa première apparition, par un public qui se voyait plaisanter dans ses coutumes, dans son langage, dans ses mœurs particulières, passa cette fois sans encombre ; mais n'attira plus les spectateurs, toujours avides de scandale, et plus friands du spectacle qui se passe dans la salle, que de celui qui se passe sur la scène.

Le 22 *Mars*, M. de Lomel fit jouer la première représentation de la reprise de *L'Apparence trompeuse*, comédie en un acte, mêlée de vaudevilles, par M. *Maillot*.

Cette pièce obtint du succès.

L'auteur qui signait *Maillot*, au *Théâtre des Beaujolais*, n'était autre que M. *Maillé de la Maille*, défini « l'ange conservateur de la tragi-comédie », par *le Petit Almanach des grands hommes* de l'année 1788.

Par les applaudissements qu'obtint cette comédie, on eût pu croire à la rénovation complète du petit théâtre et au triomphe final du pauvre M. de Lomel ; il n'en fut cependant rien.

Mlle Montansier, pour arriver à l'expulsion de M. de Lomel, avait employé les pires moyens. Elle avait racheté à vil prix et en sous-main, les créances du pauvre Directeur, avait obtenu un jugement contre lui et s'était mise à le poursuivre impitoyablement, pour se rembourser des dites créances.

Aussi, le 25 *Mars* au soir, le commissaire *Delaporte*, les sieurs *Tulot*, exempt de police, et *Poussardin*, second sergent de la

Garde Nationale Parisienne, du district des Pères de Nazareth, accompagnant le sieur *Ourdin*, huissier, se présentèrent-ils au contrôle des *Beaujolais* et saisirent-ils, au nom de la dite demoiselle *Montansier*, la recette qui s'élevait à 221 livres.

L'indignation contre la méchante femme fut générale. Les acteurs réunis du Boulevard lui adressèrent une lettre collective dans laquelle ils lui reprochaient vertement sa conduite. Elle se garda bien d'y répondre.

Dans cette lettre, écrit Mayeur de Saint-Paul, il y avait ce passage :

« Si votre « maquereau » veut se trouver en face le café de Roy, entre quatre heures et cinq heures, ce soir, nous lui exprimerons dans le derrière les coups de bottes que nous ne pouvons vous administrer, parce que vous passez pour être une femme. »

Le « maquereau » qu'ils désignaient était l'acteur Neuville.

Le *Samedi* 27 *Mars*, le Théâtre des Beaujolais affichait *Clôture annuelle pour cause de Semaine Sainte.* »

Cependant la veille, le 26 *Mars*, on avait encore pu donner la première représentation de *Compliment de clôture pour Pâques* 1790.

C'était un à-propos vaudeville en un acte de M. *Imbert*.

Cet à-propos avait obtenu beaucoup de succès. Un feuilletoniste écrivit : « Des couplets, plus heureux par les allusions à la circonstance que par leur tournure, ont plu au public, d'ailleurs toujours porté à l'indulgence quand on lui rend hommage. Mais l'auteur a su, avec beaucoup d'adresse, placer chaque sujet d'une manière avantageuse. »

« La première scène languit ; mais peu à peu l'intérêt se ranime et les spectateurs s'échauffent avec les acteurs. »

M. Imbert, en auteur ingénieux, s'était arrangé de façon à ce que chaque acteur parût dans le rôle, qui dans le courant de l'année lui avait été le plus favorable.

Dans un couplet de circonstance, Mlle *Brillon*, laquelle devait passer des *Beaujolais* au Théâtre des *Variétés*, exprimait au public tout le regret qu'elle éprouvait d'abandonner son cher théâtre, qui « avait été le berceau de son talent. »

Très émue par les applaudissements que lui prodiguait le public, elle fondit en larmes et ne put achever.

Les applaudissements redoublèrent et la jeune *Brillon* recommença ; mais peine vaine, elle s'arrêta au même vers et les sanglots reprenant de plus belle, s'interrompit comme elle avait fait la première fois.

Alors, ce fut du délire de la part du public, et Mlle *Brillon* sortit de scène, entraînée par ses camarades, aussi émotionnés qu'elle.

Mlle Sara, ingrate envers M. de Lomel, qui l'avait formée en l'art de la scène, et l'avait fortement mise en avant, abandonnait également les *Beaujolais*, pour entrer au théâtre de la Montansier, la persécutrice de son bienfaiteur.

Le public savait tout cela, aussi l'accueil qu'il fit à Mlle Sara fut-il des plus « glacials. »

Comme on lui disait, quand elle sortit de scène : Ils ont été plutôt froids, elle répondit : « Bah ! chez la Montansier, je les réchaufferai. »

Le perruquier des *Beaujolais* était un nommé *Dubreuil cadet*, frère de Dubreuil l'aîné, « *coëfurier* » de l'Opéra ; car à l'Opéra, il y avait un « perruquier », M. Bruno, un « coëfeur », M. Desnoyers, et un « *coëfurier* », M. Dubreuil l'aîné.

Or, il arriva que le lendemain même de la clôture des Beaujolais, des voleurs pénétrèrent de nuit chez Dubreuil cadet, perruquier du Petit Théâtre, et le dévalisèrent complètement, ce qui plongea le pauvre hère dans la dernière des détresses.

Les comédiens n'aiment pas voir pleurer. Qu'on leur donne tous les défauts, même ceux qu'ils n'ont pas, qu'on les accuse de vanité, de légèreté, d'imprévoyance ; d'être débauchés, volages, jaloux entre eux, orgueilleux, susceptibles, hâbleurs, etc., etc., mais qu'on ne leur nie pas d'être gens de cœur.

Ils virent pleurer le pauvre Dubreuil cadet, et sans lui en souffler mot, organisèrent une représentation à son bénéfice , qui eut lieu le *lundi 5 Avril.*

Ils étaient allés solliciter leurs grands confrères du Théâtre du Palais-Royal (Théâtre-Français), et avaient obtenu d'eux un spectacle entier, en faveur de l'infortuné *Dubreuil cadet*.

L'affiche portait : « Spectacle exceptionnel donné par les acteurs du Théâtre du Palais-Royal, au profit du perruquier du Théâtre des *Beaujolais*, à qui des voleurs, qui se sont introduits chez lui en son absence, ont enlevé tous les effets. »

On donna *l'Orpheline*, comédie en trois actes, et *Ricco*, comédie en deux actes.

La pièce était jouée par les citoyens : Monvel, Saint-Clair, Michot, Fusil, Beaulieu, etc., et les citoyennes Candeille, Saint-Clair, Monvel, Roubeau, etc., c'est-à-dire les acteurs et actrices principaux, qui devaient former quelques mois plus tard la base de ce Théâtre-Français, auxquels devaient venir s'adjoindre Talma, Grandmesnil, Dugazon, Folly et Mmes Vestris, Desgarcins, Lange, Simon et Dubois.

Le « coëffeur » du Palais-Royal (ex-théâtre des Variétés) se nommait Dupont. C'est à lui que, tout d'abord, s'étaient adressés les acteurs de *Beaujolais*, lui demandant de s'intéresser à l'infortune de son pauvre collègue dévalisé.

Ils savaient Dubreuil cadet brouillé avec Dubreuil aîné. Dupont, heureux de contrarier son puissant collègue de l'Opéra, et de démontrer ouvertement le peu d'affection de ce frère aîné pour son cadet, s'était adonné de toutes ses forces à la tâche que lui avaient confiée les acteurs de *Beaujolais*. Il avait obtenu le concours gratuit des premiers acteurs de son théâtre, et l'illustre Monvel, le père de Mlle Mars, remplissait dans cette représentation le principal rôle de *l'Orpheline*, comme il le remplissait sur son théâtre du *Palais-Royal*. C'était un gage certain de réussite, le nom de Monvel étant dans la très grande faveur du public.

Avril 1790. — La représentation eut lieu, comme je l'ai dit, le 5 Avril, sur le *Théâtre des Beaujolais*, et produisit 640 livres et 15 sous. Tous frais payés et réduits à leur plus simple expression, 563 livres furent remises ès-mains du malheureux perruquier dévalisé.

CHAPITRE VII

SUITE DE 1790. — RÉOUVERTURE APRÈS PAQUES. —
AU THÉATRE MAREUX.

Je trouve dans l'*Almanach général de tous les spectacles* la
note suivante :

« Ce théâtre ferme maintenant une bonne partie de la semaine ; et c'est une espèce de proverbe : *Que donne-t-on ce
soir aux Beaujolais ? On donne* RELACHE.

L'auteur de la note était dans l'erreur, sans cependant se
tromper complètement ; et voici comment :

Le sieur *Mareux aîné*, propriétaire de la salle de la rue St-
Antoine, nᵒ 46, fort dépité de voir son théâtre sans locataire,
avait indirectement fait offrir à M. de Lomel de venir jouer
chez lui son répertoire, se contentant pour toute rétribution,
lui écrivait-il, de dix pour cent sur la recette brute.

M. de Lomel, se souvenant de ses mauvaises relations avec
le dit Mareux aîné, avait tout d'abord refusé. Le sieur Mareux
avait dit alors à M. de Lomel qu'il se contenterait de huit
pour cent. Le Directeur des *Beaujolais*, qui gardait grosse
rancune au sieur Mareux, du démenti que ce dernier lui avait
infligé dans les journaux, lors de leurs premiers pourparlers,
rompus pour cause dite déjà, refusa encore ; bien que son désir,
guidé par son intérêt, l'engageât cependant à accepter.

Voyant de nouveau ses offres repoussées, Mareux aîné
était venu, en personne, dire à M. de Lomel que « le seul plaisir de posséder sur son théâtre une troupe de la valeur des
Beaujolais » lui faisait une obligation de ne percevoir que six

pour cent sur la recette que feraient les comédiens de M. de Lomel.

M. de Lomel, facilement vaincu, avait fini par accepter ; et, trois fois par semaine, les *Beaujolais* affichaient RELACHE à la porte de leur théâtre du boulevard Ménil-Montant, pour s'en aller jouer à la salle Mareux. Mais, j'anticipe, car ce ne fut qu'au mois de Juin qu'eut lieu le début au *Théâtre Mareux*, de *la troupe dite des Beaujolais*.

Nous ne sommes encore qu'en Avril, restons-y jusqu'à complet achèvement.

Le *Lundi* 12 *Avril*, le Théâtre des *Beaujolais* faisait sa réouverture par le *Compliment*, de M. Imbert, compliment qui avait produit un tel effet, à la clôture, que les acteurs avaient demandé à le rejouer, en priant l'auteur de le remanier un peu, dans le sens de compliment de « bienvenue » ; ce qui avait exigé un fort mince travail de la part de M. Imbert. Venait ensuite *le Tuteur avare*, opéra-bouffon en trois actes, et *Florette et Colin*, opéra-bouffon en un acte.

Mai 1790. — Le 2 *Mai*, on donna la première représentation de *Lucile et Dercourt*, comédie en deux actes, par M. *de Trégoate*. Cet auteur avait déjà donné à ce même théâtre une pièce intitulée : *L'amour arrange tout* ! Cette pièce avait obtenu quelque succès. Jugeant qu'il était inutile de se mettre martel en tête pour trouver un sujet nouveau, l'excellent M. Trégoate avait tout simplement changé le nom de ses personnages, remanié quelques scènes, retranché quelques couplets et avait présenté au public, comme une nouveauté, *Lucile et Dercourt*, qui n'était autre que *l'Amour arrange tout* !

Toutes les pièces de théâtre de cette époque-là pouvaient du reste s'appeler : *l'Amour arrange tout*.

Un critique écrivit sur cette pièce : « Il ne s'y trouve pas un tableau qui n'ait frappé cent fois les yeux des spectateurs sur tous les théâtres. Peu d'intérêt, presque point d'intrigue et aucune situation piquante. Il paraît que l'auteur roule toujours sur un seul et même canevas, et qu'il n'a que le style pour sauver la monotonie qui règne dans ses productions. »

« Son style est si peu de chose, que sa nouvelle pièce peut être considérée comme rien. »

Le 24 Mai, eut lieu la première représentation de *Les deux Cousins rivaux*, comédie en deux actes, en vers, par M. *Gabiot*. « Mauvaise pièce, sans intérêt, mal conçue, n'ayant pour elle que quelques vers, bien frappés, qui sont l'excuse du Directeur qui l'a reçue et produite. »

Juin 1790. — *Le Dimanche 6 Juin*, première représentation de l'*Anti-Dramaturge*, comédie en trois actes, en vers.

Cette pièce avait été imprimée et jouée avec quelque succès à Bordeaux et à Lyon. Son auteur avait vainement tenté de la faire représenter sur les grands théâtres de la capitale. Repoussée partout, elle avait fini par tomber entre les mains de M. de Lomel, qui, moyennant 500 livres, versées par l'auteur, l'avait mise en répétitions et fait jouer par ses acteurs.

Appréciation d'un critique : « Une vraie rapsodie, à laquelle on ne peut adapter aucun titre. »

Le dimanche 13 *Juin*, reprise de *Cora* ou *la Prêtresse du Soleil*.

Chez Nicolet, on avait représenté une pièce pantomime, sur le même sujet, intitulée *les Enfants du Soleil*. La pièce des *Beaujolais* présentait plus d'intérêt que celle de Nicolet ; cependant elle réussit moins.

Le 23 Juin, première représentation de *l'Amour Hermite*, opéra *Anacréontique* en un acte.

Que pouvait bien venir faire en cette galère le doux Anacréon, le joyeux poète de Téos, dont la forme lyrique et toute gracieuse n'avait rien à voir avec les joyeuses trivialités des comédiens ordinaires de M. de Lomel.

Rien ! absolument rien ! Mais voici l'explication que je trouve dans le Journal *Les Petites Affiches* de 1790 :

Un restaurant du boulevard Saint-Martin s'était ouvert sous l'enseigne de : *Au Banquet d'Anacréon*. Ce restaurant existe même encore au numéro 47.

Le titre seul a changé, et cela depuis cinq ou six ans à peine. Dans ce restaurant se réunissaient, à sa formation, de gais chansonniers populaires, qui par leurs galants refrains

et joyeux flonflons l'avaient mis en grande vogue ; et l'auteur de *l'Amour Hermite*, lequel faisait partie de la bande joyeuse, avait simplement voulu fêter, par cette désignation poétique, sa bienvenue dans la petite confrérie.

Ce fut *le Mardi* 29 *Juin* que les comédiens de *Beaujolais* donnèrent leur première représentation, sur le théâtre de M. *Mareux l'aîné*.

M. de Lomel, je l'ai dit, gardait rancune au sieur Mareux, et eût bien voulu ne pas se rendre aux sollicitations, si pressantes qu'elles aient été, du propriétaire de la rue Saint-Antoine.

Mais les spectacles de son théâtre du boulevard Ménil-Montant faisaient de moins en moins fructueuses recettes ; ses nombreux *Relâches* se succédaient avec beaucoup trop de rapidité ; force fut bien à M. de Lomel d'accepter les offres, plutôt avantageuses du sieur Mareux, et l'ouverture du théâtre de la rue Saint-Antoine se fit par l'*Anti-Dramaturge* et le *Philosophe imaginaire*.

On ne donna jamais, au théâtre Mareux, que des pièces déjà jouées. Les nouveautés étaient conservées pour la salle du boulevard, ou le « grand public » se rendait de préférence.

Le grand public se composait de bourgeois du Marais et des quartiers Saint-Martin, Saint-Antoine et du Temple.

Juillet 1790. — *Le* 11 *Juillet*, fut donnée aux *Beaujolais* du Boulevard, la première représentation de : *La Fédération du Parnasse*, divertissement en un acte, en prose, en vaudevilles et airs nouveaux, par le *Cousin Jacques*.

Les journaux d'alors l'annoncent sous le titre de : *la Confédération du Parnasse*, alors que le véritable titre est *la Fédération*, simplement et uniquement.

Cette fantaisie du spirituel folliculaire fort en vogue obtint un énorme succès.

Le Cousin Jacques, pseudonyme de *Beffroy d'Origny*, était à cette époque l'auteur fantaisiste et original très à la mode.

La *Chronique de Paris* écrit : « C'est sans contredit la plus agréable des pièces « fédératives » ; excepté celle de M. *Colot d'Herbois*, jouée au *Théâtre de* MONSIEUR qui, dans un autre genre, lui dispute la palme. Les couplets ingénieux et piquants s'y succèdent, depuis le commencement jusqu'à la fin ; et les tableaux les plus riants captivent l'œil du spectateur. L'auteur à su mettre à leur place des acteurs, peu connus auparavant, qui lui ont dû leur succès ; entre autres M. *Dumily*, qui fait un rôle de niais raisonné, avec un talent qui ne laisse rien à désirer. »

Sur l'air : *Ce fut par la faute du sort*, un abbé chantait dans cette pièce :

> Oui, tout le bien que j'ai perdu
> M'en procure un plus magnifique ;
> Avec usure il m'est rendu
> Par la félicité publique.
> Il ne manquait plus à mes vœux
> Que de doubler le sacrifice ;
> Si les Français sont tous heureux
> Ce sera là mon bénéfice (*bis*).

Et le public trépignait d'aise en entendant cet *Abbé* faire aussi joyeusement abnégation de ses biens de la terre, en faveur du bonheur de tous les Français.

La pièce se terminait sur un couplet fort applaudi, que chantait encore l'acteur *Dumily* dans le personnage du paysan *Guillot*.

Voici ce couplet, sur l'air du *Ça ira* ! :

> Ah ! ça ira, ça ira, ça ira,
> J' découvre à vue d' nez qu' nous n'aurons pus d' peine,
> Ah ! ça ira, ça ira, ça ira,
> Vous verrez bientôt qu' tout ça s'accommod'ra.
> Tout un chacun s'épanouit déjà ;
> Ça ravigot' le cœur, quand on voit tout ça.
> Ah ! ça ira, ça ira, ça ira,
> Les aristocrat's vont r'venir par douzaine.
> Ah ! ça ira, ça ira, ça ira,
> Dans peu, l' bon exempl' les convertira.
> La finance allait cahin caha,
> V'là les assignats qui vont r'mettr' ça ;
> Pour en avoir ma poch' pleine
> J' donn'rais d' bon cœur tout c' que j'ai déjà.
> Ah ! ça ira, ça ira, etc., etc.

Le lendemain, 12 *Juillet*, on donna la première représentation de *La Revanche*, ou *Les deux Frères*, comédie en trois actes, mêlée d'ariettes, paroles de M. *Dubuisson*, musique del signor *Cambini*.

Note du journaliste Ducray-Duménil : « Intrigue assez curieuse ; quelques situations plaisantes, mauvais dénouement ; beaucoup de longueurs ; musique charmante et pleine d'effets. On regrette de voir, sans pudeur, estropier la langue française dans une pièce de haut comique ».

Septembre 1790. — *Le 3 Septembre*, première représentation de *Les Amants ridicules*, comédie-parade en prose et en un acte, mêlée d'ariettes, paroles de M. *Desaudrais*, musique de M. *Bonnet*.

Or, qu'était-ce que *Les Amants ridicules ?* Tout simplement *les deux Jaloux*, dont M. de Lomel changeait le titre et qu'il offrait au public comme une nouveauté. *Les deux Jaloux* avaient été donnés, alors que les *Beaujolais* étaient encore au Palais-Royal ; et M. le Directeur s'était dit : « La distance est tellement grande entre ces deux salles de spectacle, que pas un des spectateurs qui verra la pièce boulevard Ménil-Montant, ne se souviendra l'avoir vue galerie Montpensier. »

La pièce passa en effet comme une nouveauté et obtint beaucoup de succès ; ce qui ne veut pas dire qu'elle fit beaucoup d'argent.

Octobre 1790. — *Le 3 Octobre*, première représentation de *Le Retour de l'Inconstant*, comédie en un acte, en vers, qui ne produisit que fort peu d'effet. On ne nomma pas l'auteur.

Puis, *le Vendredi 8 Octobre*, autre première représentation de *La Veuve espagnole*, comédie en un acte, en vers, par M. *Guillemain* : « C'est une des pièces les plus jolies et les mieux écrites de cet auteur fécond », écrit un critique de l'époque. « Mlle *Cousin* et M. *Talon jeune* y sont fort goûtés. »

On le voit, le pauvre petit *Théâtre des Beaujolais* luttait désespérément, ne voulant pas sacrifier complètement au mauvais goût du jour et du boulevard, à la trivialité malsaine du moment et au facile à-propos politique. Il donnait des pièces en vers ; il tentait de faire triompher la littérature, il essayait de faire de l'art, là où il n'eût dû faire que du métier ; aussi dégringolait-il de plus en plus et se voyait-il souvent forcé, faute de public, d'afficher le terrible mot : *Relâche*, au grand désespoir de son directeur et des infortunés acteurs.

Ce fut encore le *Cousin Jacques* qui empêcha les *Beaujolais* de sombrer. Il composa pour eux un nouvel à-propos : *Le Retour du Champ-de-Mars*, divertissement en prose et en un acte, mêlé de vaudevilles.

Cette pièce fut lue, répétée et jouée en cinq jours.

Le succès qu'elle obtint permit à M. de Lomel de pouvoir verser quelque argent à ceux des rares acteurs qui lui restaient fidèles.

On voyait, dans le cours de cet acte, des soldats portant triomphalement le buste de Louis XVI et le venant déposer entre les mains d'Apollon, qui le confiait aux Muses, pour le placer au temple de Mémoire. Les Muses chantaient alors les louanges du « Bon Roi » — que l'on devait guillotiner trois années plus tard — aux acclamations de ce même peuple, lequel criait encore bravo aux strophes et aux couplets dont l'auteur encensait le monarque, par les voix éraillées des braves acteurs des *Beaujolais*.

Le *Cousin Jacques* avait même composé de la musique pour accompagner les couplets que chantait Mlle *Fournier*, sur les Français qui avaient abandonné la France, et par conséquent la cause royale :

I

Tous ces Français que, loin de nous,
L'épouvante retient encore ;
Ils n'ont pas vu d'un jour si doux
Briller la bienfaisante aurore,
Pareils à ceux que le cie fit
Habitants d'un autre hémisphère,
Ils sont au milieu de la nuit
Quand le plein midi nous éclaire.

Le Cousin Jacques avait écrit deux couplets sur ce sujet ; mais Mlle Fournier ne devait chanter que celui que nous venons d'écrire. Cet auteur, fort spirituel et fort avisé, avait dit à Mlle Fournier : « Si l'on crie *bis*, au lieu de répéter ce couplet, vous chanterez le second. L'effet sera plus grand. »

Et l'on avait crié *bis* avec délire; et Mlle Fournier avait alors chanté :

II

> Mais surtout n'oublions jamais
> Que chacun d'eux est notre frère.
> La voix du sang chez les Français
> Doit-elle un seul instant se taire ?
> Loin d'avoir un cruel plaisir
> A les voir se troubler et craindre,
> Pour parvenir à les guérir
> Il faut nous borner à les plaindre. (*bis*)

A la chute du rideau, le public, transporté, rappela l'auteur avec enthousiasme. Cela eut dû cependant satisfaire entièrement l'amour-propre de cet auteur très nerveux; mais la rapidité avec laquelle la pièce avait été montée, fit que des hésitations, des manques de mémoire avaient très fortement irrité l'irascible Cousin Jacques. Il refusa de paraître sur la scène où le rappelait le public trépignant ; poursuivi par les régisseurs et le directeur, il se réfugia dans le cintre du théâtre, et s'y cacha derrière un moufle.

Pendant ce temps, le public faisait rage au parterre, réclamant sur la batterie des Lampions : Cousin Jacques ! Cousin Jacques !, car l'acteur Dumily était venu nommer le triomphateur à la fin de sa pièce.

Un machiniste du cintre finit par le découvrir et dénonça sa retraite ; les acteurs y coururent, le ramenèrent de force. Cousin Jacques était furieux. Il les abreuvait d'injures, les traitait de toutes sortes de noms. Les acteurs n'en riaient que davantage. Bref, ils le contraignirent d'entrer avec eux sur la scène et de venir saluer le public qui continuait à l'acclamer avec rage. Cousin Jacques était pâle de colère. Enfin, il parvint à se dégager des mains de ses oppresseurs et s'avança résolument sur le devant de la scène, comme pour parler.

Aussitôt, un grand silence se fit. Il commença : « Messieurs, les Jean-foutres de comédiens qui... qui... »

Alors, il s'arrêta, balbutia et finit par dire, plus en fureur que jamais : « Ces brigands d'acteurs n'en savaient pas un mot. Ils ont tout fait pour... »

Tout à coup Dumily, le comique qui avait joué, avec beaucoup de succès, le niais dans la pièce, lui coupa la parole et lui dit :

— Eh bien ! quoi ? ça n'a pas bien été, aujourd'hui, et ça vous donne de l'humeur ?... Soyez tranquille, demain, ça ira !... Pas vrai, camarades ?...

Et, il se mit à chanter :

> Ah ! ça ira, ça ira, ça ira !...
> On saura ses rôl's, vous l' verrez sans peine ;
> Ah ! ça ira, ça ira, ça ira,
> Vous verrez bientôt qu'tout ça s'arrang'ra !

Les acteurs en scène reprirent les paroles en chœur ; les spectateurs redoublèrent leurs applaudissements, et le rideau retomba sur ce tableau unique, d'un auteur récalcitrant, em1 assé, malgré lui, par ses infâmes Comédiens, qu'il continuait à accabler d'injures.

Le petit théâtre fit, avec cette pièce, quelques bonnes recettes.

Le Roi était encore populaire, aimé. On chantait ses louanges. Le public les chantait avec les acteurs, plus convaincu et plus passionnément qu'eux, peut-être.

Le Dimanche 17 *Octobre,* première représentation de *l'Enfant bien corrigé,* pièce en un acte, de M. *Desaudrais,* ouvrage plus que médiocre et « qui ne vaut pas l'honneur de la critique » écrit un journaliste de l'époque.

Le 30 *Octobre,* première représentation de *Tarare Régnant* (suite de Tarare), ou *l'Isle d'Ormus heureuse,* pièce en prose et en trois actes, mêlée de vaudevilles, par M. *Guillemain.*

Je lis cette critique sévère de la pièce : « Cet ouvrage n'a ni intrigue, ni action, ni ensemble, ni mouvements. Les costumes sont assez riches, ainsi que les décorations ; mais l'intérêt est faible et va en diminuant jusqu'à la fin. Une justice à rendre à l'auteur, c'est de dire que peu d'écrivains font des couplets comme les siens. Il y a un joli rôle d'*Eunuque*, bien rendu par M. Dubois. »

Le pauvre M. de Lomel avait dépensé pas mal d'argent pour monter cette pièce, qui lui en fit perdre beaucoup.

Novembre 1790. — *Le 2 Novembre*, on donna *Le Divorce inutile*, comédie en un acte, en prose, de M. *Gabiot*.

« C'est une très jolie pièce, dit un critique, écrite avec pureté, pleine de sentiments relevés et d'idées fines et spirituelles : il y règne d'un bout à l'autre un excellent ton ; et l'on ne peut trop engager les acteurs de ce théâtre à entremêler souvent leurs « opéras », de comédies du même genre. Mesdames *Sara* et *Fusil* s'y font applaudir, parce que les bons rôles siéent toujours aux talents. »

Le 21 Novembre, première représentation de : *Le Sourd et l'Aveugle*, comédie en un acte de M. *Patrat*.

Cette pièce, imprimée depuis longtemps, avait été jouée « souventes fois, en province. » Malgré sa parfaite réussite, le dénouement avait excité, à Paris, quelques murmures. Sa gaîté tombait peu à peu dans la trivialité ; mais les scènes en étaient bien conduites et spirituelles.

Le 28 Novembre on joua pour la première fois : *Le Paysan à prétention*, opéra bouffon en un acte ; sans grand succès.

Décembre 1790. — Puis, le 1er *Décembre* : *La Ruse villageoise*, comédie mêlée d'ariettes, en un acte, musique de M. *Champein*.

Le 7 décembre, le *Cousin Jacques*, malgré son serment de ne plus rien donner aux *Beaujolais*, s'empara de nouveau de l'affiche avec : *Toute la Famille*, folie en prose et en deux actes, mêlée de chants.

Les querelles entre Directeurs et auteurs ne sont jamais de longue durée. Les intérêts communs les rapprochent vite.

Ce fut une chute retentissante que cette pièce. Aussi « le très coléreux » Cousin Jacques ne manqua-t-il pas de rejeter toute la responsabilité de l'insuccès sur les acteurs de *Beaujolais*, lesquels — dit-il — « ne se donnent jamais la peine d'apprendre leurs rôles » ; et sur leur Directeur, l'infortuné M. de Lomel, « qui ne les paye que très faiblement, quand il les paye, et ne possède sur eux aucune autorité. »

De sa critique acerbe, Beffroy d'Origny, dit le Cousin Jacques, exceptait toujours Madame Louise Fusil, laquelle, pour cette raison et d'autres, passait alors pour être sa maîtresse.

On remonta à la hâte *Atine et Zamorin*.

Le *Cousin Jacques* jura ses grands dieux qu'il ne remettrait plus les pieds dans cette galère, et jamais plus n'écrirait une seule ligne pour ce directeur, incapable, et ses méchants acteurs — « plus que toujours Madame Fusil exceptée. »

Atine et Zamorin ne faisant pas d'argent, on reprit : *Adèle et Edwin*, pièce de l'ancienne chevalerie, en vers et en deux actes, musique *del signor Cambini*.

Mais le pauvre petit *Théâtre des Beaujolais* était irrémédiablement condamné. Les nouveautés et les reprises avaient beau s'entasser les unes sur les autres comme Pélion sur Ossa, rien n'y faisait ; les recettes demeuraient nulles, le public ne venait pas.

Il est vrai que cette salle de spectacle avait été fort mal choisie par le trop empressé M. de Lomel. Alors que le boulevard du Temple retentissait du cri éraillé ou strident des aboyeurs, des marchands d'orviétans, des faiseurs de parades ; des lazzis de paillasses, d'escamoteurs ; des bouffonneries d'un public braillard, des appels de tambours et de trompettes, le boulevard Ménilmontant, qui s'écrivait alors *Boulevard du Mesnil-Montant*, demeurait dans la presque obscurité, absent de tout bruit et de toute gaîté.

Seul, le *Café Goddet*, qui se trouvait être le dernier café du Boulevard du Temple, arrivant après le *Café Yon* et le *Théâtre des Associés*, et qui attenait presque au *Théâtre des Beaujolais*, jetait quelque clarté dans la sombre tristesse du tableau, tristesse d'autant plus navrante que la partie sud du boulevard du Mesnil-Montant, était brillamment éclairée par les illuminations prestigieuses des Cafés d'en face, le *Café Turc*, le *Café des Arts* et *la Galiotte*, établissements de plaisirs, où l'on entendait d'assez bonne musique, où l'on écoutait chanter d'assez bons chanteurs et d'assez agréables chanteuses, en prenant d'excellentes consommations. C'était la naissance des Cafés Concerts. La partie nord qu'occupaient les *Beaujolais* restait morne et silencieuse.

C'est au *Café Goddet* qu'un soir, un consommateur facétieux, colla dans la salle de billard, cet avis, imprimé en gros caractères :

« AVIS »

« *Il est défendu d'écraser ses poux sur les bandes du billard.* »

La misère était alors grande à Paris. On avait compté sur le retour du Roi, pour la reprise générale des affaires et les affaires ne reprenaient pas. Le pain manquait.

La municipalité de Paris ordonna que tous les théâtres donnassent une représentation « au profit des Pauvres. »

Et le 24 *Décembre*, les *Beaujolais*, comme ses confrères grands et petits, donnèrent «par ordre» cette représentation.

Ces pauvres jouèrent pour les pauvres et ne furent pas compris dans la distribution générale, que fit la municipalité parisienne du total des recettes.

Ainsi se termina cette année 1790, qui avait été si funeste aux intérêts du *Théâtre des Beaujolais*.

CHAPITRE V

1791

NOUVELLES DIRECTIONS. — LE SIEUR NOISEL. — SA TROUPE D'ACTEURS. — M. BRIOIS. — LE CIRQUE ASTLEY. — LE THÉATRE DES COMÉDIENS SANS TITRE.

Tant que les *Beaujolais* avaient réussi, dans leur premier emplacement du Palais-Royal, on avait chanté la subtilité, la délicatesse, le goût, l'habileté de M. de Lomel, leur « intelligent administrateur. » Maintenant que la veine était détruite, que le filon était perdu, on daubait fort sur le pauvre homme ; les plumes n'éclaboussaient plus assez de critiques injustes et mordantes sur lui et sa façon d'administrer.

On lisait : « Il faut qu'il y ait dans son administration quelque vice incurable et radical. Ce Directeur qui est aimable, spirituel et poli, n'a pas sans doute les qualités propres à la Direction d'un théâtre. »

Et dans un autre article : « Le grand vice des *Beaujolais* est surtout d'éloigner tous les auteurs par le défaut de paiement. Il arrive de là que les acteurs, en dépit de leur bonne volonté, sont obligés de chercher dans de vieux bouquins de quoi monter leur répertoire. On ne donne presque jamais que du réchauffé ; et toutes ces rapsodies imprimées, qui sont nulles et sans effet, chassent le public, qui ne revient guère, quand une fois il est mal prévenu. Nous le répétons, il faut, pour ressusciter ce spectacle, une administration à la fois sévère, active et intelligente, de nouvelles pièces et qu'elles soient bonnes. »

Voici ce que dans l'*Almanach général de tous les spectacles de Paris et des Provinces*, publié par *Froullé*, libraire, quai des Augustins, on lisait encore :

« La plupart des acteurs des *Beaujolais* vont être sans place, parce qu'il est impossible d'exister de ses talents, quand on n'est pas payé ; la justice et l'humanité nous imposent le devoir d'en recommander plusieurs aux Directeurs qui veulent améliorer leurs entreprises. »

« M. *Dumily*, qui n'a plus d'autre nom que le *Niais de la Fédération*, est un charmant acteur ; il a un genre à lui, que personne n'a encore imité. »

« M. *Dubois*, jouant les valets, a une tournure très agréable, une très belle basse-taille et de la gaîté. »

« Madame *Fusil* a de la finesse et une jolie tournure dans les soubrettes. »

« Mademoiselle *Latour*, âgée de dix-sept ans, et Mademoiselle *Cousin*, du même âge, sont deux sujets on ne peut plus intéressants. »

« Mais M. *Vénier*, premier acteur de ce théâtre, est d'une vérité rare ; il entend parfaitement la scène ; il a une méthode de chant très soignée, une belle voix, des mœurs honnêtes, un caractère doux, du zèle et de l'exactitude à ses devoirs. »

C'en était donc fait du petit Théâtre, puisque déjà l'on cherchait à s'en partager les dépouilles. Sa fin était donc bien proche, que les journalistes en étaient arrivés à recommander ouvertement leurs protégés.

Un nommé Noisel, qui avait déjà fait plusieurs fois banqueroute, et s'était ruiné cinq ou six autres, après fortune refaite, vint proposer à M. de Lomel d'abandonner sa Direction et de la lui céder, moyennant certaine part sur les bénéfices aléatoires, qu'il pourrait réaliser.

Le pauvre Directeur, heureux de débarrasser d'une si lourde charge, ses épaules fatiguées et fourbues, se hâta d'accepter la proposition du dit Noisel, ne se leurrant pas un instant sur « la part de bénéfices » qui devait lui revenir.

Or, qu'était ce Noisel ? Un ancien protégé du Duc d'Orléans. Il avait tenu une maison de jeu au Palais-Royal.

Sur la demande que lui adresse le *Compère Mathieu*, dans les *Pantins du Boulevard*, pamphlet obscène, mais dans lequel se trouvent, à travers de repoussantes et ineptes plaisanteries, un grand nombre de vérités, tombées de la plume venimeuse de l'auteur-acteur Mayeur de St-Paul, ce dernier fait répondre au Directeur Noisel, de la façon la plus cynique :

— « Si j'ai mangé de l'argent avec les femmes, ce n'est pas la cause principale de la gêne dans laquelle je me trouve ; mais les tributs fort lourds, que j'étais obligé de payer à Son Altesse Sérénissime, pour avoir le droit de me déclarer, sans risque, le directeur privilégié d'une maison de jeu établie au Palais-Royal. C'est un terrible homme que Son Altesse Monseigneur le Duc d'Orléans. Il ne connaît que l'argent, sans s'embarrasser du choix des moyens. »

Le Duc d'Orléans, dont parle ici Noisel, était Louis, Philippe, Joseph, qui, pendant la Révolution, joua un grand et triste rôle politique, sous l'appellation de « Philippe-Egalité. » Il fut de ceux qui votèrent la mort de l'infortuné Louis XVI, son cousin.

Noisel, au temps où ce prince possédait encore quelque fortune, avait été son pourvoyeur de femmes. Mais, ledit Noisel ayant « oublié » de lui porter un jour les redevances qu'il devait lui verser, sur les bénéfices qu'il réalisait dans la dite maison de jeu, Son Altesse Sérénissime avait impitoyablement chassé l'escroc, l'envoyant pour tout châtiment chercher une potence ailleurs.

Tel était l'homme indélicat et peu scrupuleux qui succédait à « l'honnête de Lomel » dans la Direction du pauvre *Théâtre des Beaujolais*.

Aussi, la plus grande partie des très honorables comédiens composant la troupe, s'empressa-t-elle d'envoyer sa démission au nouveau Directeur.

Peu importait au sieur Noisel. Il était de ces trop nombreux « *jemenfichistes* », qui, au théâtre, ont pris pour devise . « Bah ! le rideau baissera toujours ! » se moquant pas mal que la pièce eût été mal jouée, qu'elle fût mauvaise et mal montée.

« Le rideau baissera toujours ! » est leur critérium.

Noisel avait remplacé les bons acteurs qui se dérobaient, par de médiocres, et le petit Théâtre était resté ouvert, conservant seulement son titre comme drapeau.

Pauvre drapeau, véritable loque, qui, de la misère, devait tomber dans la boue.

Parmi les chanteurs demeurés avec Noisel, nous citerons la première haute-contre, Monrose, lequel, malgré ses cinquante-cinq ans sonnés à l'horloge de la vie, avait encore des prétentions amoureuses et se figurait, vieux coq, être adoré de toutes les poules, ses voisines. Convaincu, il ne se gênait pas pour dire : « Quand je joue, la salle se remplit de femmes. »

La dame Monrose, son épouse, digne compagne de son sot mari, fermait les yeux sur les débauches éhontées de la haute-contre, à la condition qu'il les fermât, lui, sur les irrégularités conjugales dont elle se sentait susceptible. Elle était de vingt ans moins âgée que lui.

C'était, du reste, un excellent ménage, parfaitement assorti, et qui ne pouvait manquer de plaire au nouveau Directeur, lequel ne se préoccupait pas plus des mœurs que du talent de ses acteurs.

Empocher des recettes, si maigres qu'elles fussent, était sa seule préoccupation.

Madame Monrose remplissait l'emploi, qu'était en train de créer à la Comédie-Italienne la célèbre Madame Dugazon.

Noisel avait encore engagé un jeune homme nommé Latour, jouant l'emploi des amoureux. Il avait vingt ans et était fort joli garçon. Ce jeune homme lui avait été amené par Mademoiselle Latour, sa sœur, gracieuse enfant de dix-sept ans, et qui, dans la troupe des *Beaujolais*, remplissait l'emploi des « jeunes amoureuses. »

Dès qu'elle avait vu le frère de sa petite camarade, Madame Monrose était tombée follement éprise de lui. Elle l'avait accaparé à ce point, qu'un jour Noisel, ayant pris le mari à part, lui avait dit :

— Mon cher Monrose, engagez donc votre femme à modérer un peu ses ardeurs amoureuses. Hier, ce petit Latour, qui maigrit à vue d'œil, a encore fait deux « *couacs* » dans ses couplets.

Et le sieur Latour avait majestueusement répondu : « Mon cher Directeur, dans l'intérêt de l'administration, je ne manquerai pas de faire à ma femme l'admonestation que vous me recommandez de lui faire. M'écoutera-t-elle ?... tout est là ! « Cette femme a du sang de vache dans les veines ! »

Peut-être quelques-uns de mes lecteurs trouveront-ils oiseux ces cancans, recrutés un peu partout, et déclareront-ils qu'un lot de faits, de si mince importance, n'a rien à voir avec l'histoire d'un théâtre. Qu'ils me permettent de ne pas être de leur avis.

Le caractère des individus fait partie intégrante des actes qu'ils commettent ; ou plutôt c'est ce caractère qui dirige leurs actes. Il influe sur leur talent. Tel violent, dans la vie privée, ne parviendra jamais à représenter un doucereux sur la scène.

Marie Dorval, cette passionnée d'amour, a surtout réussi dans les héroïnes amoureuses, parce qu'amoureuse de toutes les vibrations de son être, elle se substituait au personnage qu'elle avait à représenter.

Victor Hugo lui fit créer la terrible *Catarina* dans *Angélo*, alors qu'elle eût été admirable dans la *Thisbé*. Elle le prouva par la suite, en reprenant ce rôle avec succès, même après Mademoiselle Mars.

Mademoiselle Georges, qui fut une admirable et sculpturale créature, ne joua jamais bien les dolentes et les pleureuses ; mais elle triompha dans les grandes violentes.

Aima-t-elle jamais ?... On en peut douter, après avoir lu ses *Mémoires*.

Les passions et les caractères font les acteurs ; les acteurs font les théâtres Or c'est des théâtres que je reconstitue l'histoire.

Voilà pourquoi je m'efforce à trouver les plus menus propos, les plus futiles faits sur les comédiens et les comédiennes, appartenant aux Théâtres que je tente de faire revivre pour les lecteurs, mes contemporains.

Madame Fusil, qui a écrit des Mémoires intéressants, était encore de celles restées fidèles au *Théâtre des Beaujolais*. Madame Fusil avait son mari acteur, tantôt à Paris, tantôt en province ; ce qui fait qu'elle vivait presque constamment séparée de lui. Aussi l'intérim était-il rempli, sans aucun scandale, par de complaisants camarades, lesquels, lorsque M. Fusil revenait dans ses honnêtes foyers rejoindre sa chère compagne, s'empressaient de s'effacer et de disparaître discrètement.

De ce nombre furent le sieur Dubois, basse-taille renommée du *Théâtre des Beaujolais*.

On citait aussi le beau Desprès, du *Théâtre Français, comique et lyrique*, de la rue de Bondy.

Quand M. Fusil entra au *Théâtre Français* de la rue Richelieu, Madame Fusil qui, disait-elle, n'avait jamais aimé que son mari, lui demeura fidèle et devint un modèle de vertu. Elle élevait l'enfant qu'elle avait eu de lui, en dehors de ses pudiques frasques, et parvenait à passer aux yeux de tous, pour une très honnête femme et une excellente mère de famille.

Pour ce qui est de son physique, voici ce que le *Compère Mathieu* lui fait dire par la plume vicieuse de Mayeur de St-Paul :

— «Quoique je sois maigre, desséchée et tant soit peu étique, quand j'aurai repris un peu d'embonpoint, je ferai sans doute d'autres conquêtes. »

Il y avait encore, parmi les comédiens de M. Noisel, un certain Berville, lequel criait à haute voix sur le boulevard : « Mon Directeur est le plus infâme scélérat de tous les spectacles du Boulevard. »

Ce que sachant, le sieur Noisel s'empressait de dire : Quel farceur que ce Berville. Si on ne le savait hâbleur comme il l'est, c'est qu'on finirait par le croire.

Je peux citer encore le sieur Boitte, qui jouait les « queues rouges » chez Audinot, avant de venir renforcer la pauvre troupe des *Beaujolais ;* et qui, pour entrer avec M. Noisel, profitant de ce qu'il raclait un peu du violon, était devenu répétiteur et chef d'orchestre des nouveaux *Beaujolais.*

C'était l'amour qui avait ainsi transporté Boitte du tremplin de Thespis dans les bas-fonds du temple d'Euterpe.

Sa femme, Madame Siccon, avait été précédemment engagée par Noisel ; et c'est pour ne pas la perdre de vue qu'il avait quitté l'*Ambigu-Comique*, en faveur des *Beaujolais*, bien que l'expression « en faveur » soit absolument impropre en la circonstance.

Je n'aurai garde d'oublier la première actrice de ce petit Théâtre, devenue « la Reine de l'endroit », par ses relations amoureuses avec son Directeur.

La petite Simonet était passée d'un seul coup, de l'emploi de danseuse comparse, à celui des premières amoureuses de ballet.

Dire qu'elle était « bonne » est impossible ; mais elle était jolie et admirablement faite. Il n'en fallait pas davantage pour que le très corrompu Noisel s'éprît follement d'elle et la mît en vedette sur le tableau de sa troupe.

Mademoiselle Simonet avait, du reste, une mère complaisante, qui avait terriblement aplani le terrain raboteux et glissant des difficultés.

Le sieur Noisel, qui s'entendait fort peu à la Direction d'un théâtre, ne sut pas changer le genre, qui semblait ne plus plaire au public du Boulevard de Mesnil-Montant.

Il vécut du répertoire ancien de M. de Lomel, montant quelques rares nouveautés que lui apportaient des auteurs, consentant à ne rien toucher de leurs droits.

Comprenant qu'il ne pouvait lutter contre l'indifférence d'un public qui s'obstinait à ne pas vouloir franchir les quelques centaines de pas qui séparaient le Boulevard du Temple du Boulevard Mesnil-Montant, Noisel se mit à chercher une salle de spectacle où il pût porter certaines idées géniales qui, subitement, venaient de surgir en son vaste cerveau.

En attendant, il faisait travailler ses acteurs. On finit par ne plus jouer que tous les dimanches et quelquefois le jeudi.

Janvier 1791. — *Le Mardi* 6 *Janvier*, on donna, par extraordinaire, la première représentation de : *Les accords de Julie*, pièce en un acte.

Cette pièce tomba à plat et le sieur Noisel en profita pour réunir ses acteurs au modeste foyer de son théâtre et leur tenir à peu près ce langage :

« Mes chers enfants, mes chers camarades, mes chers pensionnaires, permettez-moi de vous présenter mon successeur, *M. Briois*, Directeur honorablement connu dans toute la province. C'est un homme de théâtre dans toute l'acception du mot ; connaissant bien le répertoire et le goût du public parisien ; ce goût que, paraît-il, je ne connais pas, moi, puisque je ne parviens pas à attirer son attention. Je cède à M. *Briois* mon théâtre, mon matériel, mes acteurs et les quelques dettes que j'ai contractées envers eux. »

L'acteur Monrose lequel, on le sait, jouait un des premiers emplois de la troupe, interrompit l'orateur :

— Pardon, M. Noisel, fit-il, j'ai contracté un engagement avec vous, non avec un autre. Du moment que vous vous retirez, je me considère comme libre d'aller porter mes talents sur un autre théâtre. Je n'accepte donc pas que vous me cédiez, comme vous cédez votre matériel de décors, qui n'est même pas votre propriété, puisqu'il est notre garantie à tous.

— Mais, M. Monrose, répondit M. Noisel, votre engagement avec moi va jusqu'à Pâques.

— Alors, restez jusqu'à Pâques vous-même, répartit Monrose.

— Ou à la Trinité, continua Berville.

Un éclat de rire général, malgré l'état de gêne dans lequel on se trouvait, accueillit la sortie du comédien.

— Cependant..., voulut poursuivre Noisel un peu décontenancé.

— Assez, interrompit le preneur, M. Briois. Les paroles de M. Monrose sont un manque absolu de confiance envers moi et constituent une injure que je ne saurais tolérer. Je n'accepte pas de M. Noisel le legs qu'il veut me faire de sa fameuse haute-contre. Que M. Monrose aille planter ses choux ailleurs.

— C'est ce que je vais immédiatement faire, Monsieur.

Et le chanteur Monrose sortit dignement, en emmenant sa femme, et s'en alla aussitôt signer, avec M. et Madame *Colon*, Directeurs du *Délassement Comique*, situé près l'Hôtel Foulon, à l'entrée du boulevard du Temple.

On apprit bientôt que M. de Lomel s'occupait d'ouvrir le *Théâtre Louvois*, vaste salle, située entre les rues Sainte-Anne et de Richelieu, sur l'emplacement même de l'ancien Hôtel de Louvois.

C'est là que nous le rejoindrons, quand nous en aurons terminé avec le *Théâtre des Beaujolais*, dont les tristes et derniers jours étaient comptés.

M. Briois, le nouveau Directeur, — on n'avait pas encore francisé le mot *impresario*, — conserva et reprit en partie les acteurs de M. de Lomel, à part quelques-uns qui demandèrent et obtinrent facilement leur liberté.

Le 14 Janvier, on joua les *Babillardes*, comédie en un acte, par M. *Gabiot*. Je l'ai écrit lors de la création de cette pièce, c'était une réfection des *Caquets*, de Madame *Riccoboni*. On ne le mâcha pas au nouvel auteur, M. Gabiot, et cette comédie n'excita pas la curiosité de la foule.

M. Briois voulut tenter du grand répertoire. Il mit à l'étude le *Brutus*, de Voltaire, et l'*Ecole des Maris*, de Molière.

Sur ces entrefaites, un de ses musiciens, M. *Valentino*, haut-bois de son orchestre, perdit sa femme et une petite fille, en une semaine. Le brave homme tomba malade lui-même et se trouva réduit à la plus grande misère.

M. Briois, qui voulait se montrer brave homme et inaugurer sa direction par un acte qui pût lui concilier l'estime générale, se laissa émouvoir par la pénible situation à laquelle se trouvait réduit son haut-bois et annonça, au bas de ses affiches, que le 24 Janvier il donnerait, au profit du dit Valentino, les premières représentations à son théâtre, des deux chefs-d'œuvre appartenant au répertoire de la Comédie Française.

En effet, le *mardi 24 janvier*, l'affiche des *Beaujolais* por-

tait : *Aujourd'hui, au profit d'un musicien malade : Brutus,*
tragédie de *feu* Voltaire, et l'*Ecole des Maris*, tragédie de *feu
Molière.*

Le public, peu confiant dans l'interprétation de ces pièces,
de trop haut répertoire pour un théâtre tombé si bas, ne vint
pas applaudir les deux chefs-d'œuvre des deux grands *feus*
annoncés sur l'affiche. Il préféra se ruer au *Théâtre de* MON-
SIEUR, voir jouer l'*Histoire Universelle,* du *Cousin Jacques,*
et au *Théâtre Français, comique et lyrique* de la rue de Bondy,
entendre *Nicodème dans la Lune,* du même *Cousin Jacques,*
l'homme à succès du moment.

Le pauvre musicien malade, *Valentino,* toucha à peine
quelques livres, et les acteurs ne touchèrent rien, pas même
un à-compte léger, sur ce qui leur était dû.

La misère augmentait de plus en plus dans Paris. Et la
municipalité exigeait des théâtres, quels qu'ils fussent, qu'ils
donnassent des représentations au profit de ceux qui man-
quaient de pain.

Certes, l'intention était louable et généreuse ; mais ordonner que ceux qui ne mangent pas, nourrissent des affamés,
était contre toute idée de justice et d'équité. Or, c'était le cas
des acteurs de *Beaujolais.*

Février 1791. — Ainsi, le 2 *Février,* par ordre de la municipalité, tous les théâtres donnèrent encore leur représentation au *Profit des Pauvres.* Certains des comédiens de M.
Briois ne soupèrent pas en rentrant chez eux ; mais ils
avaient joué « pour les Pauvres ! »

On précipita le travail. On retomba dans l'ancien répertoire et l'on donna successivement : *L'Enfant corrigé,* « pièce
plus que médiocre » ; *Tarare-Régnant,* ou *l'Ile d'Ormus heureuse,* pièce en prose et en trois actes, par M. Guillemin, déjà
représentée aux *Beaujolais.*

Puis vinrent *la Réclamation de l'Amour,* et la reprise de
Le Sourd et l'Aveugle, de M. Patrat.

« Cet ouvrage — écrit le journaliste Roblot, parlant de *la
Réclamation de l'Amour,* — n'a ni intrigue, ni action, ni ensemble, ni mouvement. »

Et l'on continua, plus que jamais, à ne pas faire d'argent.

Les acteurs cependant ne se décourageaient pas.

Le vendredi, 4 Février, l'affiche des *Beaujolais* portait : *Au profit d'une Famille infortunée*, MAHOMET, tragédie, jouée par M. *De la Rive et quelques autres acteurs du Théâtre de la Nation.*

Cette représentation n'eut pas lieu. Les administrateurs du *Théâtre de la Nation* ayant prévenu dans la journée M. Brioïs que M. de la Rive et les « quelques autres acteurs annoncés », ne se rendraient pas le soir aux *Beaujolais*, « le devoir du directeur de ce théâtre étant, au moins, de demander autorisation de jouer, aux administrateurs et directeurs de M. de la Rive, pour ce pensionnaire et les quelques autres l'accompagnant. »

M. Brioïs fit aussitôt placarder des affiches portant : *Relâche !... l'administration du Théâtre de la Nation se refusant de venir au secours d'une famille infortunée.*

Le soir, le public s'ameuta devant le petit théâtre du boulevard Mesnil-Montant, sur le seuil duquel se tenait M. Brioïs, disant à qui voulait l'entendre : « Ces gens-là sont des aristocrates sans cœur !... Parce que je ne suis par allé me traîner à leurs pieds, ils refusent de venir en aide à des malheureux qui meurent de faim, de froid et sont sans gîte. »

Il fit tant, qu'une bande de cinquante à soixante braillards s'en alla jusqu'au Théâtre de la Nation en vociférant : « A la Lanterne, les acteurs de la Nation ! A bas les aristocrates ! ».

Les badauds avaient augmenté le groupe de manifestants à la tête desquels s'était mis M. Brioïs. Et c'est au nombre de quatre à cinq cents que les hurleurs arrivèrent devant le Théâtre de « MM. les Comédiens Français, près le Luxembourg. »

On voulut forcer les portes pour pénétrer de force ; mais la police et les gardes intervinrent et parvinrent à dissiper la foule des tapageurs, en faisant quelques arrestations.

Le lendemain, 5 Février, paraissait dans les journaux cette note, envoyée par le *Théâtre de la Nation* :

« C'est par un malentendu que l'on a annoncé *Mahomet*, sur le *Théâtre des Beaujolais*. Une « famille indigente », qui avait sollicité cette représentation, a trouvé des secours dans l'active bienfaisance de M. *Delarive* qui, secondé par les Comédiens-Français, vient de donner avec eux, une nouvelle preuve de cette touchante sensibilité, compagne ordinaire des vrais talents. »

Ainsi se termina, par une trop évidente réclame, cet incident, qui avait menacé de devenir gros de conséquences.

Le comédien *Naudet*, du *Théâtre de la Nation*, qui avait, comme on dit encore et comme on disait déjà, la tête près du bonnet, alla trouver M. Briois, en son théâtre, et lui dit : « Vous êtes un drôle et un malhonnête homme !...on vous a vu à la tête de la troupe de forcenés qui, vendredi dernier, est venue crier : « A l'eau les aristocrates du Théâtre de la Nation ! Je suis un de ces aristocrates, et je viens pour que vous me flanquiez à l'eau !... Allez-y !... »

M. Briois, voyant qu'il avait affaire à un homme très solide et déterminé, jura ses grands dieux qu'il n'avait pas pris part à la turbulente manifestation ; et l'entrevue se termina par cette apostrophe virulente de Naudet :

— Si jamais je vous repince à faire, ou dire quoi que ce soit contre notre théâtre, c'est à coups de bottes dans le derrière que je vous reconduirai dans le vôtre.

L'incident, tout au long, est ainsi conté dans l'*Almanach des Petits Théâtres du Boulevard*.

Quelques jours après, l'un des moindres acteurs des *Beaujolais* fut trouvé mort chez lui. Il s'était asphyxié, en laissant sur sa table une lettre adressée au commissaire de son quartier. Il demeurait rue Tiquetonne, chez la dame Dupré, paroisse Sainte-Eustache.

La lettre disait : « Modeste acteur, je vivais des petits appointements que me payait le bon M. de Lomel. La fille *Montansier*, sale p..... et malhonnête femme de mauvaise vie, en la compagnie du sieur *Neuville*, son principal « *macreau* », nous ont méchamment chassés de notre cher théâtre, au Palais-Royal ; et depuis, je meurs de misère ! C'est trop long ; j'aime

mieux crever tout à fait que de souffrir plus longtemps. Adieu
à cette vilaine terre, à ses vilains habitans. J'accuse cette
atroce fille Montansier et son ignoble Neuville de ma mort.
Que l'on vende les derniers meubles qui me restent, au profit
de ma camarade Charlotte Cornu, qui souvent m'a aidé,
quoique bien malheureuse aussi. »

« Nicolas HUGOT. »

M. de Lomel voulut tirer parti de cette lettre pour se venger
un peu de la Montansier, et en porta la copie aux journaux.
Mais la Montansier était connue comme très processive, fortement appuyée. Les journalistes la ménageaient, d'aucuns,
même, la redoutaient ; pas un n'accepta d'insérer le testament
du pauvre Hugot.

M. de Lomel le fit alors imprimer à ses frais, sous le titre de :
Testament d'une innocente victime ! sans nom d'imprimeur,
car l'imprimeur craignait également les poursuites qu'eût pu
exercer contre lui la demoiselle Montansier.

Celle-ci, quand parut « la dernière pensée du suicidé », ne
put donc que se contenter de faire détruire le plus d'exem-
plaires qu'elle fit saisir ; et c'est l'un de ces très rares exem-
plaires, appartenant à M. Nuitter, l'obligeant bibliothécaire de l'Opéra, trop tôt décédé pour le monde et l'art du
Théâtre, que nous l'avons pu reproduire ici.

Les comédiens du boulevard du Temple finirent par
s'émouvoir de l'extrême détresse dans laquelle se trouvaient
réduits leurs camarades des *Beaujolais*. Eux-mêmes, peu for-
tunés, ne pouvaient que fort peu leur venir en aide. Ils firent
cependant courir dans tous leurs foyers et dans les cafés où
ils fréquentaient, une liste de souscription qui rapporta
187 livres et 10 sols.

Cette somme fut remise à M. Briois. Mais celui-ci, au lieu
de la distribuer honnêtement et comme il eût dû le faire, à
ses infortunés comédiens, s'empressa de disparaître, les laissant misérablement se débrouiller comme ils le pourraient.

Ce fut sur tout le boulevard du Temple un haro furieux
contre « l'indélicat » directeur. Le nom de Briois fut collé sur

tous les murs, affiché dans tous les cafés, suivi de l'épithète de « voleur ! »

On parla de le brûler en effigie dans une grande représentation organisée au profit des comédiens dépouillés. L'autorité s'opposa à cet innocent autodafé « dans la crainte d'incendie. »

La représentation eut lieu cependant et produisit la somme de 518 livres, qui fut distribuée impartialement aux malheureuses victimes du scélérat Briois.

Le propriétaire de la salle du boulevard de Mesnil-Montant, autorisa alors les comédiens victimes à jouer en société, se contentant de ne percevoir que 15 p. 100 sur la recette brute.

Le 17 février, les derniers acteurs des *Beaujolais*, car beaucoup avaient trouvé de partir en province ou de s'engager ailleurs, purent donc donner encore un spectacle ainsi composé :

1º *Le Vieillard dupé*, opéra-bouffon en deux actes ;

2º *Le Villageois à l'épreuve*, en deux actes ;

3º *La Soubrette insolente*, en un acte.

Cette pièce n'était autre que la *Servante maîtresse*, dont, pour la circonstance, les Comédiens, de leur chef, changeaient le titre.

Pour exciter la curiosité du public, les pauvres victimes, faisant abnégation de leur chatouilleux amour-propre, avaient écrit en bas de leurs affiches :

« *Ces pièces seront jouées par de nouveaux acteurs.* »

Hélas ! cent fois hélas ! le public ne se dérangea pas plus pour venir voir jouer les « nouveaux acteurs » que les anciens.

Mars 1791. — Et *le 6 Mars* suivant, sur injonction du propriétaire de la salle, las de ne pas toucher ses loyers, les sociétaires annoncèrent :

Pour la clôture du Théâtre des Beaujolais :

1º *Le Menuisier de Bagdad* ;

2º *La Servante maîtresse* ; le titre avait été rétabli ;

3º Et *Le Fat en bonne Fortune*.

Voilà donc les infortunés comédiens de ce théâtre, qui avait été si triomphant, sur le pavé de la rue, sans ressource aucune et sans pain.

Ne se décourageant pas, et poussés par M. de Lomel, qu'ils étaient allés solliciter dans sa retraite, pour qu'il se remît un instant à leur tête, ils rendirent une visite intéressée au sieur *Astley*, dont le cirque était situé à l'entrée du faubourg du Temple, où se trouve maintenant la fabrique de biscuits Guillout, et lui demandèrent de leur louer sa salle, moyennant certaines redevances, sur les recettes qu'ils pourraient faire.

Le sieur Astley accepta l'offre des comédiens, qui se mirent à l'ouvrage, pour transformer momentanément le cirque en Salle de spectacle.

Ils firent tout par eux-mêmes ; et le dimanche 20 Mars 1791, le nouveau spectacle fut ouvert au public, sous l'enseigne énigmatique de : THÉATRE DES COMÉDIENS SANS TITRE.

On donna la première représentation de :

1° *Le Bosquet de Thalie*, compliment au public ;

2° *Nanine*, pièce du répertoire des *Beaujolais* ;

3° La première représentation de : *Il ne faut pas dire : « Fontaine, je ne boirai pas de ton eau »*, comédie ;

Et 4° la première représentation de : *Les oracles du bois de Boulogne*, comédie.

Le Compliment était ainsi conçu :

« Dans le Bosquet de Thalie
Les oiseaux se sont groupés,
Joyeux fils de la Trolie
De leurs cages échappés,
Venez, venez les entendre
Chanter leurs gazouillements ;
Venez, venez les surprendre
Dans leurs doux épanchements.
Vous ne regretterez guères
En admirant leurs attraits
Ce qu'avaient été naguères
Les petits des *Beaujolais*,
Et vous reviendrez en masse
Aux lazzis de chaque acteur,
Pour que chaque actrice embrasse
Au contrôle un spectateur.

Et, ainsi qu'il était annoncé dans ce prologue, à la sortie, chaque actrice s'était fidèlement rendue au contrôle, et avait embrassé un spectateur, ce qui avait beaucoup diverti et donné quelque espoir aux acteurs réunis.

Ce compliment était de M. de Lomel.

Une fois encore, il tentait de sauver de la sinistre misère ses comédiens. Il n'y réussit pas.

J'ai trouvé ce document sur le prospectus de cette représentation, qui appartenait à mon cher et regretté Sapin, l'inappréciable collectionneur sur le théâtre.

Le prix des places était de 30 sols les premières, 20 sols les secondes et 12 sols les troisièmes.

On espérait que la modicité du prix attirerait la foule. Mais quand le public a résolu de ne pas aller quelque part, missiez-vous les places à deux sous, il n'y va pas. De même, par contraste, lorsqu'il veut voir quelque chose qui l'intéresse, les places fussent-elles au taux le plus exorbitant, il se précipite au bureau de la location et envahit la salle.

Tous les contrôleurs de théâtre vous diront qu'ils n'ont pas de public plus difficile, plus grincheux, plus méticuleux que celui des demi-succès.

Dans le grand succès, où la foule accourt, le spectateur accepte, presque comme une grâce, la place, même mauvaise, que le contrôleur lui distribue, à défaut d'autre. Il ne récrimine pas ; mal placé, il se trouve heureux ; il voit, il entend ce qu'il était si désireux de voir et d'entendre.

Il en était ainsi à cette époque, comme il en est de même aujourd'hui, et comme il en sera toujours de même dans tous les temps.

Le 23 Mars, c'est-à-dire trois jours après son ouverture, *le Théâtre des Comédiens sans titre* (anciens *Beaujolais*) avait vécu. Le funèbre mot RELACHE fut collé sur l'étendue de la façade du cirque Astley.

Ce *Relâche* devait se prolonger indéfiniment.

Ainsi finit le *Théâtre des Petits Comédiens de S. A. S. Monseigneur le Comte de Beaujolais.*

CHAPITRE IX

CONCLUSION. — ENSEIGNES SUCCESSIVES. — DIRECTEURS
NOUVEAUX. — ARTISTES. — FIN.

La demoiselle Montansier, mauvaise femme, mais très habile directrice, s'était empressée de changer le titre de *Théâtre des Beaujolais*, en y substituant très vaniteusement, d'abord celui de *Théâtre de la Demoiselle Montansier*, puis, celui de *Théâtre Montansier*.

L'ouverture de ce nouveau spectacle se fit le 12 Avril 1790.

En 1791, le Palais-Royal étant devenu le Palais-Egalité, la Montansier, de nouveau, changea son enseigne en celle, un peu trop longue, de *Théâtre du Péristyle du Jardin-Egalité*.

En 1794, l'associé de la Montansier, devenu son mari, décida la dite Montansier, femme Neuville, à suivre la fluctuation politique, et à changer encore son titre en celui de *Théâtre de la Montagne*.

Les « Montagnards » étaient tout puissants ; la dame pliait sa vieille échine monarchique devant le pouvoir et sacrifiait aux dieux du moment.

Le nom véritable de Neuville était Bourdon. C'était un fort bel homme ; il avait été capitaine de cuirassiers au service de l'empereur d'Autriche.

En 1795, Robespierre étant mort, et le mot « Montagne » sonnant mal aux esprits, le théâtre ci-devant *Beaujolais* se fit *Théâtre des Variétés*.

En Avril 1795, la femme Montansier, ayant loué son théâtre aux sieurs Foignet père, Crétu, César, Simon, Ribié et veuve Nicolet, associés, n'y avait consenti qu'à la condition de voir artistes exploitant, conserver le titre de *Théâtre des Variétés*, en y ajoutant le nom de Montansier. Les pauvres ex-*Beaujolais* se virent donc transformer une fois de plus en *Théâtre des Variétés-Montansier*.

En 1799, les Artistes Associés reprirent — la dame Montansier consentante — le titre de *Théâtre du Jardin-Egalité*.

Vers la fin de 1799, ils baptisèrent à nouveau leur spectacle du nom de *Théâtre du Palais-Egalité*.

En 1800, la Montansier ayant reconquis la part principale de l'association, les *Beaujolais* redevinrent *Théâtre Montansier*.

Grâce au talent si naïf, si vrai de Brunet le grand comique, autour duquel elle avait su grouper des comédiens excentriques tels que Tiercelin, Volange et autres de même valeur, le théâtre devint le théâtre à la mode.

Brazier écrit dans son *Histoire des Petits Théâtres de Paris* : « La voix enchanteresse de Mme Caroline, le talent original de Brunet, celui de Tiercelin, le zèle des administrateurs, les pièces gaies, font de ces anciens *Beaujolais*, le lieu le plus fréquenté de Paris. »

Le décret impérial de 1807 fit fermer le théâtre des *Beaujolais-Montansier*, qui devint café-concert l'année suivante.

C'est sur les plaintes portées par les comédiens du Théâtre-Français que, le 31 Décembre 1806, la troupe quitta le Théâtre Montansier, pour se transporter sur celui de la Cité, situé où se trouve aujourd'hui le Tribunal de commerce.

Et Brunet s'écriait naïvement : Comment l'Empereur peut-il supposer que je fasse du tort à Talma, nous ne jouons pas le même emploi.

Le 14 Août 1810, les *Beaujolais* — toujours au Palais-Royal — devinrent théâtre d'acrobates sous le titre de *Théâtre des Jeux Forains*. Ils vécurent deux années sous cette appellation et fermèrent de nouveau leurs portes en 1812.

En 1808, Mlle Montansier, veuve Bourdon-Neuville, avait épousé secrètement le fameux danseur de corde Forioso ; elle avait alors 78 ans. C'est ce Forioso qui l'avait décidée à transporter le genre acrobatique sur la jolie scène de Mgr de Beaujolais.

Après les acrobates, revinrent les marionnettes, *Puppi* et *Fantoccini* ; puis des chiens savants auxquels on faisait jouer de « fort touchants mélodrames ».

Avec les marionnettes, était revenue la concession de représenter des pantomimes, dans lesquelles deux personnages seulement avaient le droit de parler.

Ce fut l'auteur Martainville — celui qui avait répondu, sous la Terreur, au président du Tribunal révolutionnaire, qui l'appelait *de* Martainville : « Citoyen Président, tu oublies que je suis ici pour être raccourci et non pour être allongé. » — ce fut Martainville, dis-je, qui inaugura le théâtre par un prologue intitulé : *La Résurrection de Brioché.*

Quant aux mélodrames joués par les chiens savants, je veux, d'après Brazier, citer un seul des scénarios :

« Une jeune princesse russe est retenue captive dans un château-fort, sous la garde d'un Tyran. Son amant veut la délivrer, ce qui nécessite l'attaque du château. »

« La princesse russe — une jolie chienne épagneule à longues soies — se promenait sur la tour, comme Madame Malborough. »

« Paraissait le Prince, son amant — un beau chien caniche — emblème de la fidélité. Il allait et venait, aboyant son amour. »

« Le Tyran était un bouledogue, avec le nez écrasé, vraie figure de kalmouck. A un signal donné, l'armée du malheureux amant venait se ranger sur le théâtre ; c'étaient des barbets, des caniches, des lévriers, des bassets. »

« Les soldats du camp ennemi étaient des Danois, des Anglais, des griffons, des carlins, des roquets. On voyait de temps en temps passer des éclaireurs; c'étaient de petits chiens qui portaient à la gueule un bâton avec une lanterne à chaque bout. »

« Au moment où les troupes se mettaient en mouvement, les assaillants escaladaient les murailles ; les assiégés les repoussaient ; la mêlée devenait générale ; mais bientôt les troupes de l'amant malheureux montaient à l'assaut, le fort était emporté, la Princesse délivrée et le Tyran emmené prisonnier. »

Tous ces chiens avaient leurs noms portés sur les affiches : *Médor, Turc, Azor, Diane*, etc., etc.

Les habitués les connaissaient et « l'on entendait de toutes parts, des baignoires au paradis : « Tiens ! voilà Médor !... Ah ! ah ! voilà Turc !... Tiens ! c'est Azor qui commande la patrouille. »

Des particuliers conduisaient leurs chiens à ce théâtre, et les confiaient aux instructeurs canins, **pour la seule gloire de les voir figurer.**

« Un soir, raconte Brazier, un caniche était de **faction au** pied de la tour, lorsque son maître **entra** dans la salle et se plaça à l'orchestre ; le pauvre chien le reconnut, quitta son poste et déserta avec armes et bagages !... peu s'en fallut qu'il n'entraînât une désertion générale. »

En 1815, pendant les Cent-Jours, les *Beaujolais* devinrent, sous le titre de *Café de la Victoire*, le rendez-vous de tous les partisans de l'Empereur. C'était un café-spectacle, sur lequel on donnait des petites pièces en un acte, des duos, où l'on chantait des flonflons et de gais refrains.

« Lors de la seconde Restauration, écrit le *Vieux Comparse*, auteur des *Mystères des Théâtres de Paris*, des gardes du corps, des mousquetaires, firent expier à la pauvre salle des *Beaujolais* le tort d'avoir retenti des refrains bonapartistes ; ils brisèrent tout dans le café, et, quelques jours après, on chantait en montrant les jeunes officiers de la maison du roi :

> « Ce qu'ils ont fait ?... ils ont cassé les glaces
> Du café Montansier. »

« La salle fut fermée à cause de ce désordre. »

Je lis dans l'*Architectonographie des Théâtres de Paris* :

« L'ancienne salle du Palais-Royal, qui ne formait pas un édifice distinct, mais faisait partie des bâtiments au pourtour du jardin, a été convertie en un vaste et magnifique café. »

Ce café prit d'abord le nom de *Café Beaujolais*. Par la suite, il s'intitula *Café de la Paix*.

« On avait, pour cela, élevé le parterre au niveau des premières et du foyer. Les deux galeries supérieures ont été conservées ainsi que le Théâtre, sur lequel paraissent encore des danseurs de corde, et où l'on joue des parades. Dans les intermèdes, il y a constamment symphonie. Le café de la Paix, richement décoré de peintures, de dorures, de glaces, et fréquenté par les beautés vagabondes du Palais-Royal, est visité par tous les étrangers, mais on chercherait vainement la bonne compagnie au milieu de ses habitués. »

Brazier écrit encore : « L'établissement fut rouvert par un nommé Valin, qui continua tranquillement d'y faire représenter de petites pièces à couplets, mais à deux personnages seulement. » Dans le premier spectacle les acteurs Burin et Stockleit chantaient sur un air nouveau :

> Nous n' somm's que deux,
> C'est malheureux,
> Car si nous étions trois,
> Ce s'rait contraire aux lois,
> Et si nous étions quatre
> On pourrait nous abattre,
> Mais,
>> Nous n' somm's que deux,
>> C'est malheureux.

> Ah ! si cinq nous étions,
> Comm' nous triompherions,
> Et si nous étions six
> Nous aurions tout Paris ;
> Mais,
>> Nous n' somm's que deux,
>> C'est malheureux.

> Ah ! si nous étions sept,
> Quell' fortune on ferait.
> Huit ! Ce serait trop beau,
> A tous les coups, l' gros lot.
> Mais,
>> Nous n' somm's que deux,
>> C'est malheureux.

> Le jour où nous s'rons neuf
> Je tiendrai mon pied d' bœuf.
> Je m'arrêt' devant dix

Porte du Paradis,
Car,

> Nous n' somm's que deux,
> C'est fort heureux.
> On vit à deux,
> Bien plus heureux.

La Révolution de 1830 arriva.

Louis-Philippe Ier succéda à Charles X.

Le Ministre de l'Intérieur, M. Montalivet, accorda à MM. Contat-Desfontaines, dit *Dormeuil*, et à M. *Charles Poirson*, frère de M. Delastre-Poirson, directeur du Théâtre du Gymnase, le privilège de rouvrir la salle des *Beaujolais* sous le titre de *Théâtre du Palais-Royal*.

Une société fut formée par les deux directeurs ; société dont « cent-vingt actions de 3.000 francs chacune » formèrent le capital.

Ce fut l'architecte Guerchy qui reconstruisit entièrement la salle.

Le régisseur général fut M. Coupart, homme de lettres et vaudevilliste, qui longtemps avait tenu l'emploi de chef de bureau des Théâtres au Ministère de l'Intérieur. Une troupe nouvelle fut formée, troupe dans laquelle on trouve les noms de Lepeintre aîné, Philippe, Paul, Derval, Sanson, Régnier ; puis Alcide Tousez, « acteur indéchiffrable, logogriphe vivant, qu'il ne faut pas chercher à expliquer, mais qui ferait rire un quaker », Levassor, Leménil, Sainville, Boutin, Germain, Lhéritier, etc.

Mesdames Déjazet, Dormeuil, Zélia Paul, Eléonora Leménil, Pernon, etc., etc.

Ce fut le 6 Juin 1831, que le *Théâtre du Palais-Royal* (anciens *Beaujolais*) s'ouvrit avec un prologue de MM. Mélesville, Bayard et Brazier, intitulé : *Ils n'ouvriront pas*.

Au règne de Louis-Philippe succéda la République de 1848. Le Théâtre du Palais-Royal se vit contraint, sous peine d'antipatriotisme, de changer son enseigne.

Il s'appela pendant quelques jours THÉATRE DE BEAUJOLAIS ; puis, définitivement *Théâtre Montansier*.

En 1851, la République s'étant affaissée sous le coup de
botte de Napoléon III, dès 1852, le théâtre redevint le *Théâtre du Palais-Royal.*

Depuis cette époque, cet immortel temple du rire n'a plus
changé son enseigne, conservant à son fronton la belle devise
de Rabelais : Le rire est le propre de l'homme.

Ici s'arrêtent les nombreux avatars du Théâtre des BEAU-
JOLAIS, à travers les temps, les mœurs et les fluctuations
politiques.

Des comédiens d'immense talent s'y sont succédé.

Les nommer tous serait nommer tous les grands comiques
de Paris :

Un seul survit : C'est mon bon ami Lassouche, à qui, pour
fermer ce livre de souvenirs et de recherches, je suis bien
heureux de serrer une fois encore la main.

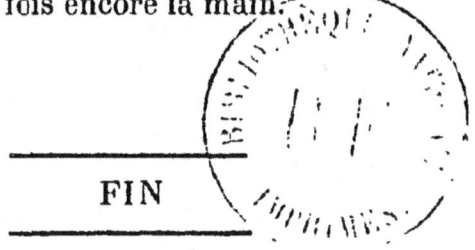

FIN

TABLE DES MATIÈRES

Grande Imprimerie du Centre, HERBIN. — Montluçon

www.ingramcontent.com/pod-product-compliance
Lightning Source LLC
Chambersburg PA
CBHW071556220526
45469CB00003B/1036